新时代我国高校综合改革研究

蔡　颢◎著

XINSHIDAI WOGUO GAOXIAO ZONGHE GAIGE YANJIU

中国商务出版社
CHINA COMMERCE AND TRADE PRESS

图书在版编目（CIP）数据

新时代我国高校综合改革研究 / 蔡颢著. -- 北京：
中国商务出版社, 2019.6
ISBN 978-7-5103-2922-7

Ⅰ.①新… Ⅱ.①蔡… Ⅲ.①高等教育－教育改革－
研究－中国 Ⅳ.①G649.21

中国版本图书馆 CIP 数据核字(2019)第 131139 号

新时代我国高校综合改革研究
XINSHIDAI WOGUO GAOXIAO ZONGHE GAIGE YANJIU
蔡颢　著

出　　版：	中国商务出版社
地　　址：	北京市东城区安定门外大街东后巷 28 号　　邮编：　100710
责任部门：	教育培训事业部（010-64243016　　gmxhksb@163.com　）
责任编辑：	刘姝辰
总 发 行：	中国商务出版社发行部　（010-64208388　64515150　）
网购零售：	中国商务出版社考培部　（010-64286917）
网　　址：	http://www.cctpress.com
网　　店：	https://shop162373850.taobao.com/
邮　　箱：	cctp6@cctpress.com
印　　刷：	定州启航印刷有限公司
开　　本：	787 毫米×1092 毫米　1/16
印　　张：	10.5　　　　　　　字　　数：229 千字
版　　次：	2019 年 6 月第 1 版　　印　　次：2019 年 6 月第 1 次印刷
书　　号：	ISBN 978-7-5103-2922-7
定　　价：	48.00 元

前　　言

中共中央、国务院于 2010 年 7 月 29 日印发《国家中长期教育改革和发展规划纲要(2010—2020)》,要求实行包括人才培养体制、考试招生制度、建设现代学校制度、办学体制、管理体制、教育开放等在内的体制改革,同时在高等教育领域进行综合改革,以全面提升高等教育质量、提高人才培养质量、提升科学研究水平、增强社会服务能力、优化结构办出特色。2013 年 11 月 12 日中国共产党第十八届中央委员会第三次全体会议通过了《中共中央关于全面深化改革若干重大问题的决定》,指出要深化教育领域综合改革,针对高校提出了包括"全面贯彻党的教育方针,坚持立德树人;创新人才培养机制,促进高校办出特色争创一流;推进考试招生制度改革;深入推进管办评分离"在内的具体要求。2014 年 5 月 4 日,习近平总书记在考察北京大学时强调指出,党中央做出了建设世界一流大学的战略决策,我们要朝着这个目标坚定不移前进,不断深化教育体制改革。办好中国的世界一流大学,必须有中国特色。2014 年 7 月,刘延东在教育部直属高校工作咨询委员会全会上强调,聚焦聚神聚力全面深化高等教育综合改革。同月,国家教育体制改革领导小组第十一次会议原则同意清华、北大和上海市"两校一市"的综合改革方案。随后各高校也纷纷向有关部门请缨,教育综合改革从最早的"两校一市"扩展到了后来的教育部所有直属高校。

为全面总结党的十八大以来教育综合改革的推进情况,课题组对实行高校综合改革的 86 所部属高校(其中教育部直属 67 所)进行了调研,并对各高校的实施方案、实施情况进行了全面的综合分析。

编　者

2019 年 2 月

目 录

第一章　总体判断

第一节　改革的形势

全面深化改革是"四个全面"战略布局的重要组成部分,既为全面建成小康社会提供强大动力,也是全面依法治国、全面从严治党的需要。习近平总书记在2017年3月24日上午主持召开的中央全面深化改革领导小组第三十三次会议上强调,要自觉从全局高度谋划推进改革,做到实事求是、求真务实,善始善终、善作善成,把准方向、敢于担当,亲力亲为、抓实工作。全面深化改革是党中央作出的重大战略部署,也是学校科学发展的内在要求。习近平总书记关于"扎根中国大地办大学""办出世界一流大学,必须牢牢抓住全面提高人才培养能力这个核心点"等重要讲话精神,为各高校认清新形势、开辟新局面、加快"双一流"建设指明了方向。

从国际形势看,我国正加快走向世界舞台中央。作为大学国家队成员,学校将在参与越来越多的国际竞争中加快发展。从国内形势看,党中央协调推进"五位一体"总体布局、"四个全面"战略布局和贯彻落实五大发展理念,深入实施人才强国战略和创新驱动发展战略,大力推进"一带一路"、中国制造2025、健康中国、长江经济带发展和更高水平国际合作等,为高校发挥知识交叉特色、智库支持、人才输送等优势,为高校以贡献求支持促发展创造了巨大的新需求,增添了强劲的新动力。

当前,全面深化改革已进入关键时期,教育综合改革步入深水区。以信息技术为代表的科技发展,正在推动教育方式的根本性变革,学习的途径方法和内涵、人的交往方式、教育的时间空间、知识与信息资源等都在被重新连接和定义。从世界高等教育的发展来看,大学发展更加仰赖系统性创新,特别是大学治理的创新。随着知识经济的深入发展,大学特别是一流大学对科技进步和经济社会发展的推动作用愈加明显、联系更加紧密,大学正在加速走向经济社会发展的中心。

高等教育国际化更加深入发展,大学的人才培养理念和模式正在深刻变革,教育的内容与形式将面临极大的挑战,信息技术对教育的发展影响巨大,正在渗入教育的每一个环节,脑科学、认知科学、信息科学的不断进步将重新定义能够适应未来的毕业生标准。教育发展的内外部环境更加复杂,教育决策的复杂性增大,高等教育的价值正在从"提供高端学历文凭"发展到"提供满足学生需要的教育",大学的本质从"培养什么样的人才"转变为"提供需要的教育",给高校全面深化改革、推进改革带来了挑战。

"双一流"建设实施办法正式出台,引导和支持具备较强实力的高校合理定位、办出特色、差别化发展,努力形成支撑国家长远发展的一流大学和一流学科体系。"双一流"建设强调淡化身份、突出绩效、整合资源、优化配置、创新方式。大学和学科的绩效评价、拨款机制将发生重大变化。如何聚焦"双一流"战略目标,主动适应以绩效为导向的大学评价机制,积极构建现代大学治理体系,调整优化学科结构,以一流学科建设带动一流大学建设,是我们面临的十分重要、十分艰巨的任务。同时,国家在教育领域放管服改革、国家考试招生制度改革、中央财政拨款计划改革、科技体制改革、教师考核评价制度改革等方面作出一系列部署,为学校事业发展带来了新的机遇和挑战。

当前,中国高等教育正处在持续发展、转型发展、变革发展的关键时期。在这样一个机遇与挑战并存、希望与困难同在、快速变化与深刻变革并行的历史阶段,高校改革发展面临着严峻的内部调整和外部竞争的双重挑战,面对既要拓展办学空间补短板又要提升实力强内涵的双重压力,不进则退,慢进亦退。中央高校必须认清形势,增强危机意识和忧患意识,努力把握机遇,应对挑战,锐意改革,不断进取,有所作为。只有坚持全方位、系统性改革,把握学校改革关键节点,寻求关键突破口,细化改革方案,优化发展规划,明确改革路线图,通过前瞻性、系统性、整体性、协同性的改革,着力推进体制机制创新和制度创新,进一步优化全校资源配置、破除制约学校事业科学发展的障碍、调动各方积极性,才能在有限的资源约束下激发办学活力、增强发展自信、激活内生动力,以更坚实、更快速的步伐向"中国特色、世界一流"的方向迈进。

第二节 改革的落实

高校牢牢把握"中国特色、世界一流"这一总要求,以党的十八大精神为指导,认真贯彻落实全国高校思想政治工作会议要求,直面改革的矛盾和问题,注重顶层设计,问需于师生,问计于基层,提出了今后一段时间综合改革的任务书、路线图和时间表,为凝聚全校共识、形成改革合力,高校在落实综合改革任务中,主要建立了以下工作机制:

一、加强顶层设计

一是制订高校综合改革实施方案,明确综合改革的重要意义、总体思路、基本原则、主要目标、工作要求等,并提交国家教育体制改革领导小组备案。二是加强对综合改革实施工作的组织领导。各学校成立由党委书记、校长担任领导,所有党政班子成员组成的综合改革领导小组,明确党委书记、校长是学校综合改革的第一责任人,其他校领导是分管领域的第一责任人,各部门、院系、单位主要负责人是对应改革项目的直接责任人。三是设立专项工作机构。领导小组下设教育教学、学科、人才、办学体系、管理服务、党建等专项组和综合组,设立秘书单位,明确具体的工作负责人和联络人。四是科学设计实施框架。通过确定系统性的逻辑思路,实施改革的重点和难点,将学校综合改革的目标层层落实到位,形成互相支撑、相辅相成的系统。

二、细化工作任务

通过制订综合改革实施方案,确定近期和远期两个阶段的改革目标。各高校根据主要的目标制定了6～9项改革措施,且在人才培养体制、人事制度、学科发展与科研体制、国际化办学、条件保障与资源配置、和谐校园建设、社会服务体制机制等方面有改革的共识。此外,各高校在实施节点、进展过程、结果评估及责任体系等方面狠抓落实,带动各项目深入推进。

三、完善工作机制

一是建立项目管理制度。确定项目牵头单位和配合单位,制订项目实施计划,具体实施相关改革工作。对改革项目开展梳理、细化、分解,明确具体改革内容,列出工作清单和时间进度表,实行清单管理。二是完善协同推进机制。对重大改革事项、重要改革举措加强研究审议,研究问题、部署工作、推动落实。加强学校与院系、部门与院系之间的联动,注重收集实施过程中师生的意见建议,保持经常性的沟通和反馈。三是落实目标责任机制。按照各高校综合改革实施方案落实目标责任,每年运用跟踪督办、适时评估、目标考核、结果反馈等手段,发现实施过程中的困难和问题,及时研究解决,确保落实和考核到位。四是加强改革信息报送。围绕综合改革实施进展情况,编写工作简报,开展专题调研,掌握改革进展动向,为学校提供决策依据。

第三节 改革的效果

一、现代大学制度趋于完善

通过坚持并完善党委领导下的校长负责制、以大学章程为核心、推进校院两级管理体制改革、完善以学术委员会为核心的学术管理体系、健全监督约束机制等一系列举措,逐步建立"依法治学、自主管理、民主监督、社会参与"的学校治理体系,解决好学校同政府、社会的关系,协调好学校内部行政权力同学术权力的关系,处理好学校及职能部门与院系的关系。

二、立德树人进一步凸显

立德树人是高校办学的根本任务。高校深入贯彻落实习近平总书记在全国高校思想政治工作会议上的重要讲话精神,构建起理论与实践相结合、主渠道与主阵地相结合、教师思想政治工作与学生思想政治工相结合的育人格局。第一,高度凝练师德精神,弘扬学校师德文化;第二,构建教育教学一体机制,探索全程育人路径;第三,加强思想文化阵地建设,发挥文化育人功能。

三、人才管理机制更加灵活

通过自主定编定岗、多种用人形式、分类评价、内部薪酬分配改革等举措,对岗位设置、进人途径、聘任方式、评价体系等全方位的改革,打破以往僵化、单一的进人、用人体制,充分调动人才的积极性。

四、招生自主权进一步扩大

通过深化招生体制改革,完善本科人才选拔机制;改革研究生招录办法,建立研究生自主招录体系;学校根据自身的办学目标来确定需要什么样的人才,招生自主权的扩大,有利于释放高校办学活力。

五、人才培养多元化

按照"分类培养"的新思路,改革课程体系和培养制度,加强校外实践训练,同时逐步建立和完善多元多维评价体系,不再拘泥于单一的人才培养模式与评价模式,主动适应社会需求差异性和学生发展个性化的新要求,培养复合型和创新型人才。

六、资源条件进一步整合

由于高校职能部门、院系、研究中心等单位众多且相互并存、相互交织,对于学校实际管理造成了一定的难度,且容易造成资源的浪费。通过转变管理体制、完善规章制度、加强信息化建设等手段,资源进一步整合,使用效率明显提升。

七、科研创新体制进一步优化

科学研究是高校的一项重要职能,也是高校创新的重要方式,通过对科研资源的整合、科研管理体制的改革、科研评价体系的完善、科技成果转化的管理等过程性的改革,促进科研资源的进一步整合,激发科研人员的积极性与创造性,发挥高校科研的重要作用。

第四节　改革的评价

一、坚持了党对改革事业的坚强领导,把握了正确的政治方向

党对高校的领导是办好中国特色社会主义大学的根本保证。建设一流大学,要始终坚持为人民服务,为中国共产党治国理政服务,为巩固和发展中国特色社会主义制度服务,为改革开放和社会主义现代化建设服务。充分发挥学校党委总揽全局、协调各方的领导核心作用,基层党组织的战斗堡垒作用和党员的先锋模范作用,努力提高学校党的建设科学化水平,确保改革顺利推进。加强宣传思想工作,全面深入宣传教育改革,最大限度地凝聚改革共识,争取学校各方理解支持,引导师生员工正确对待利益格局调整,进一步坚定改革信心,为改革营造良好舆论氛围,汇聚起深化学校改革、加快事业发展的强大合力。

二、高校与社会的关系更加紧密

通过现代大学制度的改革,高校进一步向社会开放,社会主体有机会参与到学校的各项监督中。而通过对社会服务体制机制的改革,调动学校人力、物力、财力资源来服务于国家战略需求、服务于社会创新、服务于科研成果转化、服务于大学生就业创业。

三、增加了师生在改革中的获得感

在现代大学制度改革中,通过发挥教职工代表大会的作用,健全师生员工参与民主管理和监督的机制,师生的主人翁意识更强。改革科研评价体系、优化收入分配制度,促进教职工收入水平的稳定增长;通过进行教育教学模式的改革,引导教师上好每一门课,有效汇聚优质教学资源,为毕业生提供更好的就业服务;通过完善这些民生建设,师生的获得感大大增加。

四、国际化和信息化趋势进一步凸显

国际化与信息化已经成为 21 世纪的两大发展趋势,各高校在综合改革的过程

中也顺应了这两大趋势。在人才引进、人才培养、科研合作、评价体系等方面与国际对接,高校国际化办学水平进一步提高。在后勤保障和资源配置、内部控制等方面的信息化建设,使高校信息化水平更高,为师生提供了更加精准、便捷的服务。

第二章 人才培养体制改革

第一节 具体改革措施

在人才培养体制改革中,各高校提出了2～15项不等的具体措施,但大体是从招生制度改革、教育教学模式改革、学位授予模式改革、人才培养国际化机制改革、深化实践教学与"双创"教育改革、就业指导改革、教学管理和质量保障体系、深化人才培养模式改革、深化课程改革与建设等10项措施展开的。

一、坚持立德树人

坚持以学生为中心,构建知识探究、能力建设、人格养成的育人体系,加强学生的身心健康教育。坚持用社会主义核心价值观引领学生成长成才。

通过理想信念教育、社会实践和志愿者活动、校园文化建设、群众性文体活动等,培养具有社会责任感、创新精神、实践能力、人文情怀和国际视野的德、智、体、美全面发展的创新人才。进一步协调整合相关力量,努力营造合力育人的良好氛围。充分发挥新生之友、班主任、德育导师等力量的作用,在全校范围内形成关爱师生的育人氛围,并充分发挥制度育人功能,以制度育人,形成"全员育人、全过程育人、全方位育人"的合力育人机制。

比如,浙江大学进一步加强大学生思想政治教育工作的顶层设计。通过对思想政治教育管理策略、资源配置、实施路径、保障体系的考量,创新立德树人的协同体系,在由"思想政治教育体系"和"专业知识教学体系"两大核心组成的"立德树人"人才培养格局中,逐步完善"一体两翼"的德育体系建设。通过提升思想政治理论课的教学水平和教育效果,充分发挥课堂教学在大学生思想政治教育中的主导作用。除此之外,还大力加强大学生思想政治教育工作队伍建设。加强专兼职辅导员队伍建设,以《高等学校辅导员职业能力标准(暂行)》为导向,精心规划辅导员队伍专业化建设,强化辅导员"双重身份",落实"双重待遇",实现"双线晋升"。加强兼职辅导员队伍建设,鼓励专业教师担任兼职辅导员,充分发挥其育人作用。

二、招生制度改革

在本科招生选拔机制中,根据国家核定的办学规模,结合学校办学特色,自主确定招生计划和方案;完善科学、客观、规范、有效的大学自主招生考核方式,选拔具有学科特长和创新潜质的优秀学生;分析学校学科、专业历年招生布局,制订高考大类招生实施方案,稳步推进高考大类招生改革。

在硕士生招生中,自行确定学术学位和专业学位研究生比例;在复试时,全面推行"模块递进、标准统一、能力为主、综合评价"为特色的结构化面试方法,加大对考生科研能力、综合素质的考核力度,保证面试的公平性、科学性和有效性。在博士生招生中,全面实施"申请—考核"制,充分发挥导师和学科对考生学术能力、创新潜力、学术志趣、综合素质、合作精神等方面的评价和决定作用。

在本次全国高校教育综合改革中,几乎全部高校都实施了招生制度改革。例如,北京大学在本科生和研究生招生中,根据国家核定的办学规模和学校自身特色,科学合理地自主确定招生计划与标准。在本科招生中,探索完善多元录取的招考机制;探索在人才选拔中实施综合评价;注重教育公平,进一步加大对中西部、贫困地区的政策倾斜;进一步健全招生信息公开制度,扩大信息公开的内容和范围。完善招生集体决策和社会监督机制,确保招生的公开、公平、公正。在研究生招生中,采取"多志愿申请—候补录取"的方式;在博士研究生招生中,试行"申请—考核制"。

三、教育教学模式改革

完善人才分类培养模式。按照"分类培养"的新思路,主动适应社会需求差异性和学生发展个性化的新要求,改革课程体系和培养制度,探索建立拔尖创新型和复合应用型人才分类培养体系。

完善本—研贯通培养体系。梳理本科生、研究生课程和教学内容,形成本—研贯通课程体系,为优秀学生的成长提供更好的平台和机会。

推动课内外一体化进程。按照模块化、专业化、体系化思路,将知识传授、实践训练、竞赛强化、经验分享等环节有机结合,进一步优化课内外相结合的教育教学体系。鼓励开展以学生为主体的创新创业活动,建立健全与学生需要、社会需要相挂钩的大学生创业教育课程体系、导师团队、实践平台和孵化基地,完善大学生全面成长成才体系。

加强校外实践训练。统筹社会、学校等多方资源,构建与人才培养方案相匹配、与服务社会相结合、与职业规划相一致的目标导向型实践育人体系,重视学生的独立性、自主性和创新性训练。与地方政府、企事业单位等合作共建一批校外实践教学基地,加大实习经费投入,提升学生创新实践能力。

不少高校在此次教育教学模式改革中,结合各自的办学特色,探索出了各式各样的教育教学模式。例如,重庆大学、电子科技大学、中央财经大学等高校进行了教育教学模式的改革。

重庆大学注重研究性的本科教学模式,坚持教学活动与科研活动有机结合,通过科研活动培养高层次、高素质、创造性人才。依托科研资源优势,实施"本科生科研助手"计划,强化学生科研实践,实现科研活动与学生实践创新能力有效对接。培养学生科研兴趣,增加学生参与教师课题研究的机会,引导学生介入科学研究,实现教师科研活动与学生科研训练计划有效对接。鼓励教师将新的研究成果与学术前沿引入课堂,不断更新教学内容;开展体验式、探究式、开放式教学,激发学生学习热情,指导学生加深对课堂教学知识的理解运用,培养学生的前瞻性视野与主动创新意识,实现人才培养与科学研究良性互动。

中央财经大学改革完善实践教学模式,以提升学生自主学习能力、研究能力和实践操作能力为中心,加强实践教学队伍建设,完善经济社会仿真模拟实验教学体系,提高应用型专业的实验教学水平。加强校内外专业实践教学基地建设,完善校企合作培养机制,结合各专业办学特点,开展多种形式的实践教学,做好课程实验实践、学年实习和毕业实习。

四、学位授予模式改革

经国务院学位委员会授权,学校自主授予学位,自行设计印制学位证书,报教育主管部门备案。进一步强化办学特色,打造精品学位项目,开辟国际合作培养和授予联合学位的路径,更好更快地满足国家和社会对于高层次人才的多样化需求。

例如,北京大学可以按照现有学科目录中的门类来授予博士学位,并探索减少门类设置,精简博士种类;专业硕士学位以及有很强应用性的硕士学位,可按现有二级学科授予学位,也可与学术型的学科目录脱钩;在研究生层面设立双学位或第二学位,允许在读学历教育研究生在攻读学位的同时,申请在本校攻读第二研究生学位(硕士学位),以利学生就业和长期发展。

浙江大学根据学科规划,在现有《学位授予和人才培养学科目》范围内自主调整或撤销学位授权学科和专业学位授权点;根据研究生的发展志趣、课程学习和学位论文研修情况,自主调整该学生的学位授予类型,授予相同或相近的学术学位和专业学位;学校按国际通行的做法,自行编制授予学位类型及专业的英文名称目录。学校与国内外高校自主建立联授学位专业;学校根据国家有关规定自主设计、印制学位证书。

五、人才培养国际化机制改革

探索学生多渠道参与国际交流的途径和机制,与国际著名大学和科研机构开展学生联合培养,为学生国际交流提供有力经费保障,充分利用学生假期,开拓学生课程学习、科研训练、参加国际会议等渠道,与世界一流大学建立有效的、成建制的交流机制,拓宽学生的国际视野、提升学生的国际竞争力、提高我国高校在世界一流大学的影响力。

强化引入海外教师授课。以聘请海外主讲教师直接给我国本科生授课,或者由海外主讲教师带领一定数量的海外学生和我国本科生一起同课堂上课等模式,开设全英文的"原味课程"。

改革奖学金体系,逐步增加国际交流奖学金。充分发挥院系开拓学生国际交流渠道的责任感和积极性,鼓励各院系分设国际交流基金,支持本院系的高层次学生交流,并逐年增长。把学生的国际化培养作为"约束性"任务纳入学校对院系的考核目标。

探索学生国际交流支持人才培养的有效途径。学习借鉴世界一流大学的人才培养经验,改革调整学生培养计划和课程设置,建设适应新形势、新挑战的国际化、开放性人才培养模式和课程体系。分学科门类建设具有基础性、前沿性、交叉性且受益面广的共享性全英文课程,选择若干优势学科和特色学科建设整建制的海外知名教授主导的全英文课程模块。

探索与世界一流大学联合授予学位的体制机制。以国际联合校区建设为契机,推进中外合作办学。选择若干优势学科和新型交叉学科,与世界一流大学合作设立联合研究生学位,构建硕、博联合培养模式。设立专项基金支持博士生短期国际合作研究和交流项目。

根据统计,超过一半的高校在进一步深化人才培养上,都与国际接轨,采用了国际化的人才培养模式。比较典型的是华东师范大学把孔子学院工作与学校国际化进程更紧密地结合起来,突出孔子学院的学术性特点,办好国际汉语教师研修基地,建好孔子学院国际汉语教师学院,保持其在国际汉语教育领域的领先地位。

六、深化实践教学与"双创"教育改革

改革学生实践创新能力培养模式,深化实践教学改革,保障实践教学投入,改革完善实验、实习、实践和毕业设计(论文)质量管理与监控体系。

统筹学生创业团队、培训师资、保障资金等资源,完善培养学生创新创业能力的支撑机制,建立创业规划、训练、孵化和实践相结合的教育实践体系;建立创业导师制度,构建创业培训课程和创业资助体系,加强产教结合、校企合作。

超过30%的高校进行了实践训练教学改革,例如,中国海洋大学、北京理工大学、中南大学等。大约60%的高校实施了创新创业教育改革,例如,华中科技大学、同济大学、北京师范大学等。

中国海洋大学通过改革实践教学体系,完善实践育人体系,来增强学生实践能力。全面实施实践教学工作标准,建立学校教务管理部门、院系、教学督导三位一体、各有侧重的实践教学质量监控体系。建立实践教学经费投入增长机制,保障实践教学成效;探索科教融合、协同育人、实践育人新机制。构建校内教学实验室、自主创新实践基地、科研基地平台和校外创新实践基地"四位一体"的科教融合实践教学体系。理顺各级竞赛门类,建立竞赛资助体系。立足项目化运行模式,探索建立与学科专业相结合的社会实践模式;加强志愿服务管理体系建设,发挥社会实践和志愿服务在实践育人中的重要作用。

同济大学构建学生创新创业联席工作机制,发布《同济大学科教结合的创新创业教育体系规划》,将创新创业教育融入专业教育。构建面向学生的多部门协同的指导窗口,扩展与整合创新创业资源,实现跨学科、跨学院合作,扩容实践空间、指导团队和专项基金,引导社会资源对创新创业教育的投入。持续贯彻点面结合、分

类指导的原则,为每位学生提供接受创新创业教育的机会。建立人才培养"学时、学分、学位"核心要素与"课程—实践—创业"链条的有效对接机制。建设结构合理的创新创业师资队伍,建设创新创业导师库,规范校外兼职教师的创新创业教学管理。探索大学生创业实训中心平台建设,筹建国际化的科教结合资源共享网站。

七、就业指导改革

近几年以来,我国高校毕业生人数持续增长,就业形势日趋严峻。中央对此高度重视,要求做好毕业生的就业引导。面对社会经济形势和就业环境的发展变化,面对 90 后毕业生的就业和职业发展需求,职业生涯发展教育和就业指导的内外部环境面临许多新困难和新问题,要求创新教育模式和工作方法,进一步扩大职业发展教育的覆盖面,更加关注就业困难毕业生,通过改革加强就业指导和就业服务体系建设。

例如,南京农业大学主要从以下三个方面来健全以质量为导向的就业工作体系。第一,建立招生、就业联动机制。制定符合毕业生就业质量评价实际的指标体系,全面分析评估毕业生就业质量状况,据此在招生和人才培养环节及时反馈和相应调整,形成招生、人才培养与就业的良性互动。同时根据学科特色,构建各类学生就业基地,加强对毕业生的跟踪和用人单位的反馈。第二,改革就业管理体制和机制。建立统一的校大学生就业创业指导与服务中心,归口管理本科生和研究生的就业工作。由学校"大学生就业创业指导与服务中心"统一建设"就业管理"、"职业发展与就业创业指导"和"就业市场"三大平台,在职业生涯规划和求职准备、提供就业信息、办理就业手续等方面为学生提供优质服务。第三,建立多元化、专业化的就业工作队伍。重点加强建设三支队伍,一是建设一支专业化的专职师资队伍,以满足就业创业指导课程教学以及职业生涯规划与择业就业辅导咨询的需求;二是建设一支市场化的企业兼职导师队伍,以满足学生对不同发展方向、不同就业类别、不同职业发展层次的认知需求;三是建设一支富于执行力的学生兼职工作队伍,在就业事务管理、校园招聘服务、就业咨询辅导等方面实现学生自助管理模式。

八、人才培养质量保障体系

完善人才培养质量保障体系要积极推进本科教学质量保障和监控体系建设,鼓励教师全身心投入本科教学工作,促进教育教学质量的提高。此次,全部高校中近 60％的高校提到了人才培养质量保障体系改革,以电子科技大学为例。电子科技大学完善以学生全面发展为核心的质量保障体系,继续强化对人才培养全过程实施监控和评估。改革学生学业评价制度,强化以素质和能力为中心、以学习过程为主导的多元学业评价模式,完善创新创业学分积累和转换制度。全面引入第三方质量评价,完善培养质量全过程跟踪机制,建立覆盖入学、在读、毕业等环节的学生学习与发展调查反馈机制。以本科审核评估、工程教育专业认证及其他主流的国际专业认证为契机,进一步规范教学环节、完善质量标准;以提高研究生培养质量为目标,大力实施优秀研究生培育计划,推进学术型学位研究生和专业学位研究生分类培养。建立以质量为导向的研究生培养自我评估制度和研究生招生指标配置办法,积极探索不同学科研究生培养过程中的分流与淘汰办法。优化研究生课程体系,加强高水平课程和实践基地建设。提升研究生导师的学术水平和指导能力,完善导师考核制度。积极探索学部制建设,强化研究生综合能力培养。

九、深化人才培养模式改革

深化本科人才培养模式改革。通过制订新版人才培养方案,深化学分制改革。在核心课程引入选修机制,建立跨专业选课制度,允许学生自主选择辅修专业,给学生学习提供更大自主选择空间。以示范课建设为载体,推动教学理念、教学方法的改革,逐步实现由教师为中心的知识传授方式向分享式、启发式、探究式为主的双向互动教育方式转变。大力推动基于 MOOCs 的课程建设和教学模式改革。推动本科生和研究生课程一体化建设。

创新研究生培养模式。推进学术型、专业型与课程型研究生分类培养改革,形成高层次、多类型的研究生培养新模式,在培养目标、课程设置、教学内容和教学方法、教材教案、培养方式、科研训练、社会实践、导师指导方式、评价体系、学位论文标准等方面进行分类管理与创新。实施开放式办学,推进研究生教育国际化进程。强化学科交叉和融合,探索高层次复合型人才的培养规律。鼓励原创高水平研究,探索拔尖创新人才与特殊人才成长的个性化培养规律。

此次改革中,全国高校,将近 90％的学校都进行了人才培养模式改革。例如,大连理工大学在深化研究生培养模式改革中,第一,以"提质量、促内涵、优结构、求增量"为发展思路,抓好"生源质量、学科科研、导师队伍、体制机制、文化氛围"五项保障,推进研究生教育内涵式发展。严抓过程管理,完善研究生培养过程质量监督与淘汰机制。建立健全研究生学位论文质量保障体系,加大优秀学位论文培育力度。优化培养机制,构建学术学位与专业学位协调发展的研究生培养体系。第二,加强授课教师队伍、教材和课程质量保障体系建设,强化课程主讲教师负责制。高度重视课程教学在研究生健全知识结构、夯实理论基础、基本能力培养及教师言传身教中的重要作用。加大对校管平台课程、全英文课程、专业基础课程和公共实验课程的建设力度。强化研究生理论知识、基本技能、科学方法、思维能力和学术素养的培养。第三、进一步深化全日制专业学位研究生培养模式改革,加大全日制工程硕士专业学位研究生行业前沿课、实验实践课的建设力度,加强校外导师队伍的建设。按照学科领域,分期分批推进校内全日制专业学位研究生教学实验平台的建设,建立健全研究生校内实验实践平台运行管理机制,积极推进各专业领域校外研究生联合培养实践基地建设。

十、深化课程改革与建设

加强专业课与专业基础课的顶层设计。改革课程内容要加强本科专业课程与专业基础课程顶层设计,优化课程内容,全面提高课程质量。在保持优良传统的基础上充实新思想、新观念和新知识。

根据新时期人才需求改革课程内容。改革课程内容一要紧扣社会发展与需求,摒除课程中的陈旧性内容,充实有较高学术认可度的学科前沿成果;二要突出部分专业基础课的个性化教学特征,即同一门课程根据不同的教学对象,有侧重地设定教学内容与大纲,因材施教;三要将创新创业思想有机融入课程内容。同时,加大旨在培养学生创新创业能力的课程比例。

南开大学推进以核心课建设为基础的课程体系改革。加快完善促进学生综合素质发展的大学核心课——以厚基础、强能力、宽口径为目标的学院核心课——兼具启发性、引导性、研究性功能的专业(学科)核心课体系。加强对核心课的教学研究,制定完善教师承担各级各类核心课教学、教研和教改工作的评聘机制,有计划地将核心课打造成精品课。强化学校素质教育基础课程和学科公共基础课程建设,集中优质资源,建设一批体现南开教学质量和特色的课程,尝试在部分新兴学科、应用型学科建立与国际标准接轨的课程体系。优化学校公共选修课、专业选修课、跨专业选修课结构,为学生按专题和模块选课创造条件。通过课程体系改革带动课堂教学内容、专业培养方案、考核与评价方式等方面的教改实践。

第二节　成绩总结

人才培养作为改革的主要切入口之一,各高校都在人才培养方面制定了一系列改革措施,这些措施在一定程度上取得了一些成效。大部分高校人才培养改革措施的成果主要集中在以下几个方面:

一、思想教育工作不断加强

北京大学 2016 年制定实施了《北京大学本科教育综合改革指导意见》,强调"以学生成长为中心",将通识教育理念贯穿于人才培养全过程,既强调充分发挥思政课和学生思想政治工作对学生价值观养成的重要作用,也重视专业教育在学生个人品质、科学精神方面的责任,促进学生在知识、能力、品格等方面的全面成长。

二、深入推进创新创业教育改革,全面提升学生创新创业能力

清华大学强化平台建设,构建新的创新创业教育体系。2013～2014 年,iCenter、x－lab、创＋等创意创新创业教育平台纷纷成立。2015 年 5 月 4 日,李克强总理回信清华学生创客,勉励他们丰富创客文化、播撒创客的种子。2015 年 6 月 11 日,由清华大学发起的全国高校创新创业教育联盟正式成立,标志着我国创新创业教育迈上新的台阶。2016 年 5 月,清华大学双创示范基地获批,明确了"学生自主双创"和"科研转化双创"一体两翼发展路径,围绕双创人才培养、科研成果转化和双创支撑服务三方面具体开展体系化建设,着力推进跨学科创客实践平台、双创在线教育与实践平台、GIX 国际化创新创业平台、国际化双创医药平台、双智双创开放平台、深圳 i－Space 创新创业教育实践平台等重点平台建设。2016 年安排支持创新创业教育改革专项资金近 4000 万,新开设本科生创新创业类课程近 30门(1200 学时),启动技术创新创业辅修专业双创人才培养新模式,设立专项奖学金 400 万元表彰优秀创新创业学生 300 余人。清华双创示范基地作为 2016 年"双创周"深圳主会场 35 个核心区参展项目中的唯一高校参加展示。李克强总理考察了清华双创展区,听取了基地的工作汇报。2016 年 10 月 15 日,第二届"互联网＋"

大学生创新创业大赛闭幕,刘延东副总理听取了清华参赛学生项目的汇报。在本届大赛中,清华大学共有 3 支团队从 12 万余个报名项目中脱颖而出,进入全国总决赛,获得一金二银的优异成绩,获奖数量在全国高校中名列前茅,并荣获大赛先进集体奖。

中南财经政法大学大力推动创新创业教育。把创新创业教育改革作为深化高等教育综合改革的重要突破口,通过学生"第二课堂"教育,将"创新创业"及"高素质人才培养"全面融入学校"十三五"规划人才培养全过程。充分发挥创业学院"创业教育、创业研究、创业服务"的三大功能,近年来实施国家级大学生创新创业训练计划项目 400 余项、校级项目 300 余项,实施研究生创新人才培养计划项目 2400 多项,截止到目前共孵化大学生创业项目 80 余个,工商注册企业近 50 家。

三、完善本科、研究生招生选拔机制,提高生源质量

虽然 90% 以上的学校在改革方案中提到完善本科、研究生招生选拔机制,提高生源力量,但是真正落实这方面改革的基本上集中在华中地区。华中地区大部分学校都在积极推行招生改革选拔机制,制订一系列计划,并取得了一定的成效。

其中,华中科技大学深化本科招生体制机制改革。以"整体化、常态化、专业化、信息化"为工作理念,实施"优质生源提升工程"。充分发挥学校在办学实力各方面的优势,积极吸收转化学校在人才培养、科学研究、学科建设等方面取得的成果,引导营造全校全员重视招生、参与招生的氛围。大力实施"教授中学行"计划、大学开放计划、招生干部培训计划、优秀学子回访母校计划等。优化专业结构,新申报 6 个本科专业,停招 4 个本科专业。同时改革研究生招生录取方式。推进"优质生源计划",完成研究生招生录取方式改革试点工作。开展博士生招生"申请考核制"试点工作,出台《华中科技大学全日制研究生招生计划管理办法(暂行)》等制度文件。推进研究生招生信息公开工作,起草有关制度文件。

武汉大学一方面完善本科招生工作决策体系,建立普通本科招生委员会,加强制度建设和信息公开机制,强化违规行为处理机制。结合 2015 年专业评估结果,形成《武汉大学本科专业调整、合并及停止招生方案》,压缩 19 个本科招生和培养专业,完善分学院分专业招生计划的编制原则和办法。另一方面改革研究生招生选拔机制,构建以质量和绩效为核心的研究生招生指标分配模型,建立专业学位"先面试后统考"、博士生"申请—审核"制等多样化选拔方式,有效提高研究生招生

质量。2016 年,学校 48 家培养单位全面推行博士生招生"申请－审核"制。武汉大学已形成以"申请－审核"制为主,直接攻博、硕博连读、优秀人才单独选拔等多种方式并行的选拔体系。合理调整招生规模和结构,2014 年开始,学校每年调减近百名硕士生招生总人数。

四、优化人才培养模式

基本上所有的高校改革都十分重视本科和研究生的培养模式,在一系列举措下,各高校在培养模式的改革上都取得了可喜的成果。大部分高校从专业技能、课程体系和实践能力等方面全面推进培养模式的改革。

北京大学全面优化培养方案,建立以多样化培养为特征的北大本科教育体系。学校对课程体系的总体框架进行了调整,重新梳理凝练专业核心课程,设立"荣誉课程",激励学生积极参与实践活动。鼓励学部、院系、研究中心及教师团队建设多层次、有特色的跨学科本科课程组、项目和专业,为学生提供双学位/辅修项目等多层次的跨学科人才培养模式和平台,鼓励学生进行跨学科学习和个性化发展。此外强调尊重学生选择,实现在学部内自由转专业,全校范围内自由选课。同时将资源配置与院系教学状况挂钩,促进院系和教师更加关注教学,更加关注学生。

研究生教育方面,正在稳妥推进奖助体系改革,完善助教、助研等岗位的设置与管理,使奖助体系更好地与学校发展和学科建设紧密联系,发挥资源配置和调控作用,提高人才培养质量。推动学术型研究生与专业型研究生分类管理,深化专业学位研究生教育改革,初步建立适合专业学位的质量评价和保障体系。探索研究生教育与本科教育相衔接的培养模式,根据国家核定的办学规模和学校人才培养目标,科学合理地确定本科生招生标准与计划,建立研究生自主招录体系,调整各院系的本科与研究生教育规模,加强基础,促进交叉。进一步做好研究生导师遴选机制改革,科学合理制定学位导师的考核评价机制及评聘管理制度,强化导师责任意识、明确导师工作职责、提高导师指导能力,督促导师自觉把更多精力投入到研究生的培养当中。加强研究生课程体系建设,加大研究生必修课程建设力度,支持培育研究生英文授课课程和 MOOC 课程建设。设立研究生事务中心,推广"一站式"服务和自助式服务。完善临床医学博士专业学位人才培养模式,延长临床/口腔医学专业学位博士研究生学制时间,启动医学技术应用型人才培养试点工作和高级应用型人才培养试点工作。

在非综合类大学中,有些学校根据自身学校特点,建立具有学校特色的培养模式。上海财经大学探索实施"3＊3"财经类人才培养模式改革,结合2013年本科教学研讨会精神,全面启动以"立体课程、多元路径、个性体验"为特征的人才培养模式创新,逐步形成"3＊3"卓越财经人才培养模式。以培养拔尖人才、卓越人才、创业人才为目标,推出通识教育核心课程建设方案和本科生学分制调整方案等改革新举措,积极构筑拔尖计划、卓越计划和创业计划"三类型"人才培养模式,深入探索实践体验、研究体验和国际体验在内的综合体验学习体系。近年来,学校生源质量和毕业生质量得到社会高度认可,人才培养质量不断提升,社会评价良好。学校吸引了全国优秀生源报考,"十二五"期间录取分数线文科平均分超出一本线66.6分,理科平均分超出一本线107分。毕业生就业率和就业质量连续多年在全国高校保持领先,历年毕业生就业率均在95％以上。

五、推进国际化人才培养

70％以上的学校都在推进国际化人才培养上取得了一定的成果,大部分学校主要是从学生培养国际化和师资队伍建设国际化两个方面进行改革。

其中江南大学在推进国际化人才培养上,注重加强国际交流合作能力。一是完善国际交流校院两级管理体制。完善《江南大学扩大教育对外开放行动方案》,进一步明确留学生教育和本科生交流行动方案的具体措施,建立交换生、留学生比例的学院年度及任期目标考核与激励机制。二是打造国际化教学师资队伍,推进全英文专业与全英文课程群建设。学校通过建立英文课程教师资源库,设立师资境外课程培训专项基金等举措,积极开展全英文专业及全英文课程群建设。三是拓宽人才培养途径,推动中外合作办学项目。加大支持学校与国际知名高校的3＋1、3＋2中外合作办学项目,提升学生培养的国际化水平,拓展留学生、交换生培养渠道。四是争取各方资源,助力学生双向交流。

第三节　经验归纳

大部分高校从宏观政策的角度总结归纳此次改革经验,主要从党的领导、问题导向和改革创新等方面着手归纳经验。

清华大学将此次改革经验主要归纳为:综合改革要坚持"中国特色"和"世界一流"相结合;综合改革要坚持顶层设计和先行先试相结合;综合改革要坚持重点突破和统筹兼顾相结合;综合改革要坚持敢于碰硬与凝聚共识相结合;综合改革要坚持"破"和"立"相结合。兰州大学认为解放思想是实现学校事业科学发展的重要前提;改革创新是推动学校事业科学发展的根本动力;强化特色是推动学校事业科学发展的战略选择;大学精神是推动学校事业科学发展的精神支柱。

其中有 1/4 的高校从自身学校改革的成绩中总结出适合普遍推广的改革经验。南开大学经过多年的改革实践,已形成"人才"为重点、"学科"为牵引、"教学"为基础、"科研"为引领、"开放"为突破、"管理"为支撑、"文化"为纽带的规划任务体系,其中将师资队伍建设作为撬动"十三五"改革发展的核心因素摆在更加突出的位置,将学科建设作为汇聚一流人才、培养一流学生、产出一流成果、提供一流服务的综合性平台提到了新的高度。因此总结出以下经验:以"人才"培养为重点,着力提升汇聚优秀人才和动员全体师生的能力;以"教学"为基础,着力提升教学相长和推动学生全面发展的能力;以"开放"为突破,着力提升开展高水平实质性海内外合作的能力。

第四节　困难分析

人才培养体系改革是综合改革的重中之重,它涉及学校的方方面面,涉及人事体系、治理体系、制度与文化体系及资源配置,是涉及面最宽、最为复杂困难也是最为核心与重要的一项综合改革任务。

在经过前期的一系列改革后,大部分学校都已进入改革的"深水区",围绕人才培养的深层次问题破解难度大,从主观和客观两方面来看,不少阻碍高校综合改革的因素开始集中涌现。

一、政策上的制约难以突破,办学自主权有待进一步扩大

当前,我们正处在探索中国特色高等教育发展道路的关键阶段。要探索中国特色的发展道路,就要深入推进综合改革,敢于在一些领域做试点,争取实现突破,发挥示范引领作用。

以清华大学为例,该校认为,近两年来学校综合改革的各项进展都在按照计划稳步推进。但是,在全面推进综合改革的过程中,仍然遇到了一些政策上的制约难以逾越,需要上级部门给予清华这样的综合改革试点高校更多的政策支持。如在招生方面,希望能够突破本科生自主招生比例、考核方式的限制;突破非应届本科生不能通过申请—审核制攻读博士学位的限制;突破研究生招生规模、推荐免试比例的限制。在中外合作办学管理方面,希望由审批制变为备案制。

针对学校改革发展中面临的诸多政策上的制约,学校的办学自主权有待进一步扩大。南京大学提出,学校对于自身的管理,仍然受到诸多限制,例如:部分行政权力集中在国家或地方政府手中,学校与政府间的联动效率低下,迟滞了学校自身的改革发展进程;部分政府的行政法规与政策文件已经无法适应当下的学校改革发展环境,如不及时修改或废除,将阻碍学校综合改革的持续推进;政府对于经费政策的严格控制,导致学校扩大师资规模、引进高层次人才的动作畏首畏尾,难以体现学校自身的活力。

二、组织和个人的积极性还没有充分调动起来

以北京大学为例,北大在分析人才培养改革的困难时指出,在调动师生的积极性方面,北大还做得不彻底。尤其是改革步入"深水区"后,由于积极性的问题,一些院系和教师的改革后继动力不足。总体来说,存在三种现象,一是对教育改革的认识很不平衡,对其重要性的认识还不到位,墨守成规,缺乏进取精神和动力,仍然在观望;二是自满懈怠,过去十几年,各院系、各部门积极努力,开拓进取,学校各方面工作都取得了很大进展,但也滋生出一些懈怠情绪,有的人盲目乐观,缺乏忧患意识;三是导向还不明确,如现在学生的学业评价体系不能很好地激励学生挑战自我,发挥内在创造潜力,更加主动地学习。

三、资源投入总体不足、投入不够集中

以清华大学为例,清华大学在分析资源投入不足的问题时指出,学校建设世界

一流大学面临的是全球竞争,是在国际范围内争夺人才、争夺资源、争夺机会,办学过程中的主要要素价格可能是发达国家的价格,办学成本显著提高,但目前外部对学校办学资源的投入强度相对不足,这就对学校资源筹集能力提出了越来越高的要求。同时,目前高校办学成本补偿制度尚不健全,严重制约了学校的资源投入。如目前的高校学费价格体系还不尽合理。在保证学习机会、激励学生学习的前提下,应促进建立学习者、家庭、用人单位和社会公益的共同投入格局。现在学校执行的本科生学费标准还是 2000 年制定的,十多年来未作调整,与学校实际投入的培养成本相比,形成了很大的差距。资产收益也是学校的一项重要办学经费来源,但现行的高校资产出租出借的管理等许多规定并不利于高校资产获得稳定的较高收益,用以补充教学科研、支持学校自我发展。

除了资源投入总体不足的问题外,资源投入不够集中,没有聚焦到人才培养的核心使命上来也是某些学校面临的一项困难,以北京大学为例,北大在分析这一困难时提出,精力和资源投入是学校改革运行的关键。在推进综合改革的过程中,学校党政梳理了大学的逻辑,明确提出区分办学的核心使命和外延任务,教学科研是学校的核心、主业,其他工作则是外延。厘清核心使命和外延任务,并不是要"二选一",两者相辅相成,缺一不可。最关键的是,学校的主要精力和资源都必须投入到核心使命上来,外延任务则应通过汲取社会资源来完成,并一定要支撑核心使命。但近些年来,学校很多资源并没有用到主业上,精力不集中,许多学校的外延任务,如办班培训、教师兼职等社会服务占用了较多学校的自有资源和教师的精力。还有个别院系机构定位不清,偏离了学校的核心使命。

四、人才培养质量有待提高

高校人才培养应主动适应从供方市场向需方市场的大环境变化,高校培养的人才更好地适应社会需求也是其人才培养质量提高的一个重要表现。高校在综合改革的进程中十分重视人才培养质量的问题,人才培养质量有待提高是目前很多高校都面临的一个困难。

以华东师范大学为例,该校在分析人才培养质量的问题时指出,人才培养质量亟需提高,学校自我宣传力度有待加强,对优秀生源的吸引能力不强,社会对学校存在着"师范院校"的传统认识,综合性研究型大学的建设成效没有转换为社会认知,学科的优势没有转变为招生的优势。同时,受重科研轻教学的高校评价导向的影响,出现了本科人才培养相对弱化的情况。

以西南大学为例,由于学科专业特点,自主创新动力和对接经济社会发展需求能力稍显不足,该校在中国特色新型智库建设等方面尚未取得突破性进展。人才培养质量改革中突出了以提高质量、强化特色为基础,但尚未完全适应从供方市场向需方市场的大环境变化,在人才培养、科技创新、政产学研用一体化等方面的转型步伐不够快,创新型人才的培养举措不够多,创新创业教育的平台比较有限,全面适应、服务并引领经济社会发展的能力尚显不足。

五、学校综合改革的协调推进机制尚不完善

综合改革涉及学校的诸多部门,需要各部门协调配合,而很多学校正面临综合改革的协调推进机制尚不完善的问题。

以吉林大学为例,该校在分析这一问题时指出,一是在改革系统性推进方面,学校综合改革的协调推进机制尚不完善,综合改革的系统性效应发挥得还不够。二是在改革任务实施方面,作为学校综合改革重点领域的学术发展,在学科专业结构布局调整改革中遇到了一些敏感度高的瓶颈性问题,牵涉到人才培养、民生发展和改革稳定等诸多因素,牵一发而动全身,各方面阻力和风险较大,导致改革推进较为缓慢。三是在改革制度创新方面,与学科学术发展相匹配的管理体制和运行机制改革的协调性、配套性和制度刚性不够,导致在优化机关机构职能、推进管理重心向学院下移、实现学院与同学科科研机构协调发展等方面改革的滞后。

在综合改革中,学校的许多二级单位是参与主体,因此二级单位协同推进改革的机制也需要进一步健全。正如北京林业大学提出的,当前学校的改革已进入"深水区",要啃的"硬骨头"多,要打的"攻坚战"多,许多改革事项需要二级单位之间密切配合、协同推进。但是各单位对改革事项的轻重缓急、优先秩序等认识存在差异,改革过程中存在"各自为战"的情况。比如,学科组织结构的问题。推进"双一流"建设,学校主要围绕一流学科建设展开。学校15个学院中有相当一部分学院,是从林学、风景园林学、林业工程三个一级学科下的二级学科中独立出来,但是学科评价是以一级学科建设为主。因此,在一流学科建设中,需要打破学院之间的界限,对全校的学科资源进行整合,通过"抱团冲锋"做强竞争优势。

六、人才培养国际化建设有待进一步加强

在高校人才培养的问题中,学生的国际视野和国际竞争力是一个越来越受到

关注的问题。很多学校在综合改革中面临着人才培养国际化建设有待进一步加强的困难。

以北京化工大学为例,该校提出,与同类兄弟高校相比,该校留学生招生规模、学历层次以及国别/区域分布等方面均存在较大不足。该校留学生主要分布在亚洲和非洲,这几年通过引进中美、中英人文交流机制项目,来自英国、美国等英语类国家的短期交流学生人数有一定增加,但数量仍然非常有限。近年来虽然该校学生赴海外学习人数逐年上升,但是距离"十三五"建设目标尚存在较大差距;该校在非语言类专业使用外语授课课程数、中外合作办学机构数和项目数亦存在一定差距。

人才培养的国际化也与高校的国际化办学水平息息相关,正如华东理工大学在分析自身困难时提出的,学校本科专业建设的国际化总体水平还不高,精品专业、全英文专业和课程体系建设还相对薄弱,其主要原因在于各专业在专业建设方面的国际化视野还不够宽阔,国际化专业建设的系统思考还不够,内在发展动力还不足。同时,具有国际化视野的高水平留学归国教师欠缺;海外留学生规模较小,生源单一,学生国际化培养力度不够。

七、协同育人的工作机制需要进一步完善

在关于高校人才培养的改革中,很多学校都对完善多样化的协同育人模式进行了积极探索。

但很多高校同时也面临协同育人的工作机制需要进一步完善的困难。以北京邮电大学为例,该校提出高等教育领域与经济社会其他领域互动不足,内需驱动和外部牵引的力量释放和协同都不充分,对于消化外部政策用于满足内部需求缺少丰富实践。相较其他领域,高等教育改革发展遇到明显瓶颈,增量改革条件不充分,存量改革缺少经验,改革步伐相对滞后。北京交通大学则从校企联合培养人才的角度进行了分析,该校提出产学联合人才培养是学校人才培养工作的创新尝试,也带来了显著的效果。该人才培养模式最重要的是需要企业,尤其是大型企业的积极参与。但由于缺乏国家对企业参与校企联合培养人才工作的激励政策和机制,企业对项目的参与和投入仍有较多顾虑和实际困难。在市场经济背景下,企业参与合作科研或创新的积极性明显高于合作培养人才。

八、教育改革创新力度需要加强

在教育改革中,很多高校都提到创新创业的教育教学理念的培育问题,以北京化工大学为例,该校在分析这一问题时提出,经过第一、第二次教育教学工作会议,北京化工大学的广大师生已经就人才培养目标和人才培养举措等取得了基本的共识。但是,无论是社会公众和校内师生都还需要进一步培养和形成创新文化。尤其是要在教学和人才培养活动的全过程崇尚问题意识、质疑精神,要养成宽容失败的校园文化氛围。对于创新内涵的理解需要进一步提升,要更大力度地加强创业教育。

第五节 未来思路

各高校的综合改革工作自启动以来,各项工作都在积极落实推进,经过实践的不断修正,改革的思路也一年比一年清晰,各方面工作也取得了许多进展。但是,与党和国家的要求和学校师生的期待相比,还存在一定的差距,学校应担负起更大的责任,做得更好。下一步,各高校应紧密围绕既定目标和蓝图,坚定不移地继续推进各项改革。高校在人才培养改革方面主要有以下五个方面的未来思路:以提高质量为核心,深化人才培养模式改革;实施大类招生、培养和管理方案;切实加强学科专业结构优化调整;不断提升人才培养的国际化水平;强化创新创业教育,培养创新创业人才。

一、以提高质量为核心,深化人才培养模式改革

面对国内外高等教育日趋激烈的竞争态势,学校人才培养工作面临着巨大的机遇和挑战,要求学校必须围绕全面提高教育质量这一核心任务,深刻把握高等教育发展趋势,提出新思路,拿出新举措。同时,信息网络技术的突飞猛进,使教学资源极大丰富和开放,学生的学习方式发生了深刻变化,对学校人才培养模式也提出了新要求。

很多高校对于人才培养模式改革的未来思路颇有亮点,天津大学提出积极推进工程教育改革,深化研究生教育综合改革,提高学生的创新能力和国际竞争力,

以"家国情怀"通识教育激发学生成长动力,以贯通第一、第二课堂教育促进知行合一,以师德建设为龙头强化教师育人主导作用,积极引导青年学生开展社会实践和志愿服务,培养具有"家国情怀、全球视野、创新精神和实践能力的卓越人才。

东北大学关于深化人才培养体系改革的未来思路比较全面和清晰,该校提出为优秀本科生打造本－硕－博贯通培养的教育通道和高水平科研训练平台,加大国家及省部重点实验室向优秀本科生开放力度;探索实施与国外高水平办学机构"双学位"、"联合学位"项目,推动与国外高水平办学机构的课程合作、联合授课、学分与学位互认工作。通过采取学分银行制、创新创业与实践教学学分替代、跨专业修读学分及免修直考等方式,实现学生"特长与学业"上的共生共长。继续实施拔尖创新、应用卓越、交叉复合、协同创新等"四种类型"人才培养模式,探索"软件工程＋金融"等高层次、复合型人才培养,支持跨学院联合组建各类创新实验班。结合第二专业辅修、双学位、校际交流等教学管理制度,满足学生弹性学习、个性化成长的需要。

二、实施大类招生、培养和管理方案

从招生录取的角度来看,高校应当丰富选拔方式,构筑本科人才培养大平台,促进学生多样成长。以清华大学为例,该校在招生选拔方面本着"综合评价、多元择优、因材施招、促进公平"的人才选拔理念,构建高考统招、保送生、领军人才选拔、自主招生、自强计划、艺体特长、艺术类、国防定向、贫困专项、飞行学员、港澳台侨、留学生等面向不同特点的生源群体的多样选拔方式,积极探索符合学校人才培养目标,体现学校社会责任的科学公平合理的招生选拔机制。2015 年学校成立本科生招生委员会,以提高本科招生工作的科学决策和民主决策水平,维护招生工作的公平公正,保障本科招生质量。2016 年机械类学科实现大类招生和培养,2017年全校各院系达成按照 16 个大类进行招生和培养的共识。

从人才培养的角度来看,很多高校积极推进大类培养,以清华大学为例,该校针对大类培养提出积极推进大类招生和大类培养,开展以通识教育为基础、通识教育与专业教育相融合的本科教育,探索实现宽口径招生、大类培养和自主选择、多样化出口的清华本科人才培养模式。2016 年,机械学院四个系试点按大类招生、培养和管理;2017 年,原有的 70 个本科专业将按照 16 个大类进行培养,学校聘请16 位首席教授具体负责和推动大类培养工作。学校不断强化大一新生的教育教学工作,使学生充分理解大类培养与专业选择的关系,合理规划大学期间学业发展和未来目标,引导学生树立正确的世界观、人生观和价值观。

三、切实大力加强学科专业结构优化调整

学科专业结构的优化调整有利于高校人才培养质量的提高,北京大学提出,一是加强基础学科建设,营造环境与氛围。培育促进重大成果产生的土壤,增加对非共识前沿研究项目的投入,建设相对自由而融洽的学术"高地",让优秀人才有用武之地而无后顾之忧,推进根本性的学术进步;二是推动临床医学+X专项工作。通过顶层规划和设计,整合各方力量和资源,在人才聘任、学科布局、机构设置、资金投入等方面加大对临床医学+X的投入,建立临床医疗与基础研究之间更直接的联系,推动医学部、附属医院与校本部之间的深度融合;三是推动区域与国别研究。以人才培养为纽带,推动学术研究和国际合作,服务国家战略。遵循学术发展规律,探索建立以语言为基础、多学科交叉的"国别与区域研究"领域,创建涵盖本科、硕士、博士和博士后的一整套新型人才培养模式。

四、不断提升人才培养的国际化水平

北京科技大学提出实行学生国际化培养计划,该校提出加强全球合作网络建设,积极拓展国际合作空间;实行高端引智计划,进一步加大外籍专家聘请力度,聘请高水平外籍专家和学者来校共同开展人才培养、科学研究和学科建设;实行科研提升计划,鼓励学院和教师积极与外国高校、教师建立科研合作,共同开展具有重要国际影响的前沿科技合作项目;实行教师和学院国际拓展计划,积极鼓励、支持教师参加国际交流,鼓励、支持各学院、学科、科研机构主办、承办高水平的国际学术会议,不断扩大学校的学术影响和在相关学科领域的学术话语权;开展高水平教学合作,积极引进优质教育资源,推动高水平合作办学;整合国际化教学资源,助推全英文授课课程体系建设;实行学生国际化培养计划,培养能立足本国,具有全球视野、国际理解能力和跨文化交流能力的创新型人才。

北京交通大学提出进一步提升学校国际化水平。服务"一带一路"等重大战略,进一步完善国际化战略布局。进一步浓厚人才培养国际化氛围,以国际合作平台为依托,推动"双向留学"数量和质量的提升,支持和鼓励教师参与实质性国际科研合作,扩大铁路"走出去"相关学历教育及涉外技术培训。加强中外合作办学研

究,提高办学水平。做好外专引智工作,重点提高外籍教师的比例,加强长期外籍教师队伍建设。

五、强化创新创业教育,培养创新创业人才

东华大学提出完善创新创业教育和考评体系。针对学校创新创业教育对口多个部门的现状,加强部门之间的协调,明确各自分工和牵头部门,理顺工作体制机制。建立分层分类创新创业教育课程,研发适合学生特点的具有学校特色的创新创业培训课程体系和教材。完善弹性学分制,允许在校学生休学创业。强化创新创业实训实践,建设开放式众创空间。加强校企合作,拓展校外创新创业基地。改进创新创业指导服务,加强项目指导,配齐配强创新创业教育与创业指导专职教师队伍。每年评选"尚实"创新创业奖学金,对在创新创业中表现突出的学生给予表彰和奖励。设立创新创业教育单项奖,每年对创新创业教育先进集体进行评选、表彰;将创新创业教育质量纳入教学质量和就业质量年度报告,予以公开。

上海财经大学提出大力推进"秉文计划",探索拔尖创新人才培养模式。通过拔尖创新人才特区建设,发挥示范、辐射和引领作用。落实"学术之星计划",加强对博士研究生和学术型硕士研究生科研创新能力培养。以创业学院建设为抓手,建立健全全覆盖、分层次、有重点的创业人才培养方案,继续推进创业苗圃、"匡时班"、创新班和创业型人才证书课程等建设,协同校内外创新创业教育资源,培养创新创业人才。

第三章　人事制度改革

第一节　具体改革措施

一、改革高校编制及岗位管理制度

第一，编制核定是高校资源配置中重要的调控手段，是实施分类管理、岗位聘用等人事管理制度的重要基础。在教育部已下达的编制数和职级数的基础上，参考国际一流高水平大学的管理经验，高校结合自身的实际情况，根据学生数、教学工作量、科研工作量、社会服务等因素，探索建立定岗定编的原则和办法，审核和确定各单位的编制数和职级数。

例如，南京大学在2015年顺利完成了编制核定的工作。该学校以"总量控制、分类核算、规范管理"为基本原则，以聚焦教师编制的核算和编制管理的动力机制为两大中心任务，方案强调稳规模、保教学、促科研。在保证教学科研工作正常开展的前提下，保持各单位现有人员队伍基本稳定；同时适当引入竞争性指标。规范教辅和行政管理岗位。以教师为主体，先测算教师岗位数，再依据一定的比例推导出教辅和管理岗位数，从而达到教师、教辅和行政管理三支队伍规模的协调发展。教师岗位测算以"控中间、放两头"为原则，促进结构调整，提升师资水平。对高层次人才实行编制奖励；博士后和专职科研队伍通过薪酬共担机制进行岗位数的控制；普通教学科研岗位通过科学测算、控制规模，引导部分教师有序退出。为每个学科提供国内高水平院校本学科在师资数量、队伍结构、高层次人才占比，为学院未来的编制规模控制和结构调整提供参考依据。

第二，分类分层设定岗位是学校在编制核定之后完成的另一项重要改革措施。

不少高校在此次岗位设置过程中,结合各自的学科特点进行了有益的尝试,仔细分析梳理各项办学指标,形成了各具特色的方案,凸显了以问题为导向的改革思想,进一步推动创新性科学研究,带动高水平人才培养,锻炼和培养有竞争力的人才队伍,体现了学校创建双一流的高要求,同时也体现了教师对业务与事业发展的追求。

浙江大学设置五类岗位实现教师职业多通道发展。按照任务需要设置五类教师岗位,根据岗位特点实施相应考核评价体系和分配制度,健全教师职业发展通道。其中:教学科研并重岗要求同时承担高水平科学研究和高质量本科或研究生课程教学工作;研究为主岗要求承担高水平科学研究工作;教学为主岗要求主要承担高质量本科或研究生课程教学工作,同时承担一定的科学研究工作;社会服务与技术推广岗要求主要承担农业与工业技术推广、公共政策与其他科技咨询、医疗服务及教育培训等社会服务工作;团队科研/教学岗要求在科研或教学团队中承担团队项目科学研究、项目研究助理、项目技术管理或协助承担一部分通识课程与大类课程基础教学工作。

例如,北京科技大学探索完善分类分层的岗位管理体系。一是科学分类。把教师岗位分为教学为主型、教学科研型和科研为主型三类,教学为主型岗位承担高质量的本科或研究生课程教学工作,教学科研型岗位同时承担高水平科学研究和必需的本科或研究生课程教学工作,科研为主型岗位承担以国家基础研究和重大项目、国际合作项目为主的高水平研究工作。二是根据学科发展需要动态调整教师岗位高、中、初级的结构比例。根据各学科发展层次、水平及规划,适当调整高级职务岗位比例和正高级职务岗位职数,向高水平重点学科、重要研究基地和教学任务重的学科倾斜。通过岗位设置,引导和鼓励学院有重点地发展优势学科、新兴学科和交叉学科。

第三,高校自主设置内设机构。高校根据办学实际需要和精简、效能的原则,自主确定教学、科研、行政职能部门等内设机构的设置和人员配备。教育部鼓励高校推进内设机构取消行政级别的试点,管理人员实行职员制。改革后保障高校内设机构人员享有相应的晋升、交流、任职、薪酬及相关待遇。

西南大学优化了学校的机构设置,调整了二级党组织设置,撤销了原机关第一、第二、第三个党委、培训学院党总支、网络与继续教育学院党委等,新组建机关党委、培训与网络继续教育学院党总支、直属业务单位党委等,在二级党委建立了二级纪委。根据工作需要，新设置学术委员会办公室、实验室与设备管理处、采购与招投标管理中心等机构。

2012年，华中师范大学对本学校行政管理机构和教学科研单位进行了改革。原则上按照一级学科设置学院，梳理机关单位的工作职能，基本建立了基于"大部制"思路的行政管理机构。通过这项改革，"小机关、大学院、强服务"的工作格局基本确立。同时，明晰各单位的职能，重新核定了机关直属单位的编制，顺利完成了机构改革"定机构、定职能、定编制"的工作任务，为学校新一轮的改革和发展奠定了良好的基础。

二、改善高校进人用人环境

第一，优化高校进人环境。高校根据事业发展、学科建设和队伍建设需要，自主制定招聘或解聘的条件和标准，自主公开招聘人才。政府各有关部门不统一组织高校人员聘用考试，简化进人程序，为高校聘用人才提供便捷高效的人事管理服务。高校在人员总量内聘用人才要围绕主业、突出重点、支持创新。

此次改革中，全国112所211高校，将近90%的学校都是通过引进和用好高层次人才带动人才队伍建设。例如，北京外国语大学建立基于人才特区的高层次人才引进和培养机制。制订高层次人才建设规划，开展多元化高层次人才选聘，按照政治强和业务素质高的标准，面向全球延揽人才，建设一支专兼职结合的科学研究队伍。建立持续、稳定和全程化的重点支持机制，加大校内有发展潜力人员的培养、扶持力度。引入企业捐赠等社会资金，加大高层次人才培养和引进的支持力度，建立聘期和聘任形式多样化的全职和柔性引进相结合的人才聘用制度，面向全球招聘引进海内外顶尖人才和富有潜力的青年人才。完善校内人才培养支持计划，建立新入职青年教师、卓越青年教师、卓越中青年学术带头人、冠名讲席教授（学科带头人）和长青学者等各级人才梯队培养支持体系。建立各类人才的岗位合同管理机制，强化支持过程的管理，全面提升引进人才对学科建设服务的层次和效果。改革外籍教师聘用机制，探索外籍教师岗位聘用的新路径，落实国民化待遇，提升师资队伍国际化水平和层次。

大连理工学校注意到了引进人才的质量，其创新评价方法，实行海内外同行评议（定性）与信息计量学（定量）评价相结合的方法，科学客观地评价引进人才的学术水平，确保引进人才的质量。优化资源配置，资源配置方式由"以平台建设为核心"转变为"以高层次人才为核心",为海外高层次人才来校工作提供重点支持,并根据工作计划加强论证,提高资源配置的针对性和合理性。

第二,完善高校用人管理。高校根据其岗位设置方案和管理办法自主做好人员聘后管理。对总量内人员,高校与其签订聘用合同。在人员总量外,高校可自主灵活用工,依法签订劳动合同,依法履行合同,规范实施管理,切实保护当事人合法权益。高校可根据国家有关规定,自主制定教师到企业兼职从事科技成果转化活动的办法和离岗创业办法。

大部分高校在进一步深化用人制度改革方面,基本上都是采用聘用制、预聘制、常任轨(Tenure Track)、事业编制聘用、合同制聘用和劳务外包等多种用人形式相适应的配套政策改革,形成多种用人形式并存的灵活用人局面。

中国石油大学 2014 年在第三轮专业技术岗位聘任中,将专业技术八级及以下岗位比例的设置全下放给院(部),由学院自行决定相应比例,本轮 866 名专业技术人员的聘岗中,岗位晋升 183 人,降级 24 人,教师岗位内转岗聘任 25 人,其中 8 级以下专业技术人员岗位晋升 72 人,进一步激发了教职工的积极性。同时学院与受聘人员签订岗位聘期职责书,明确岗位聘期目标和任务,作为聘期考核依据,实施目标管理。

北京大学作为此次改革的领头人物,其在用人管理方面的措施具有一定的借鉴意义。该学校规定,新聘教学科研系列教师全部实行预聘-长聘制,完善聘任、评价和薪酬体系,完善晋升和淘汰机制。建立包括讲席教授和青年学者在内的北大博雅人才计划,将国家和学校的相关人才计划纳入到统一的新的师资人才队伍体系中,积极推进完成新老教学科研核心队伍的人事体系并轨。2016 年,入选长江特聘教授 15 人,万人计划领军人才 20 人,青年千人计划 29 人,青年长江学者 13人。国家青年人才计划入选人数处于领先水平,人才队伍竞争力进一步提升。

三、改进教师晋升评价体系

高校要将师德表现作为评聘的首要条件,提高教学业绩在评聘中的比重。针对不同类型、不同层次教师,按照哲学社会科学、自然科学等不同学科领域,基础研究、应用研究等不同研究类型,建立分类评价标准。完善同行专家评价机制,建立以"代表性成果"和实际贡献为主要内容的评价方式。

根据教育部《关于深化高校教师考核评价制度改革的指导意见》(教师〔2016〕7

号)等文件精神,本着坚持问题导向、突出岗位差异、优化考评内容、把握总体原则,不少学校构建了多维的教师考核评价体系。

例如,华中农业大学实行"代表性成果"评价制度。出台《同行专家学术评议实施办法(试行)》,教师申报教授职务,须提供任现职以来的学术代表作参加同行专家学术评议,评议结果出现两个"未达到",不能参加学科组评议。其次,实行岗位、学科"双分类评价制"。在职称评审中,将教师岗位分为教学型、教学科研型、科研型,同时针对不同学科特点,将教师分为自然科学基础研究类、自然科学应用研究类、人文社科类、农业工程类、艺术学与建筑学类等类别。针对不同学科类别、不同岗位类型的教师,在教学和科研上制定了不同的评价标准。再次,改革评价考核组织与程序。学校将副教授及以下职务评审权、三级及以下岗位评聘工作下放到学院,修订《专业技术职务评审工作规程》,对评审基本程序、组织、议程、投票规则、评审回避与纪律做出了更加严格的规定。

东华大学坚持师德为先,改进师德师风考核评价。成立了师德建设委员会,先后制定了《东华大学教师师德规范》、《东华大学关于建立健全师德建设长效机制的实施办法》。推行师德考核负面清单制度,在新教师聘用、职务聘任、年度与聘期考核、评奖评优等方面实行"一票否决制"。二是坚持教学为要,改进教育教学考核评价。提高教师教学业绩在职称评聘、年度考核和绩效分配中的比重。2015年出台了专门文件,把讲授本科课程作为教授、副教授职务聘任的基本要求。设立了教学副教授系列,对长期潜心从事"量大面广"基础课教学并在教学改革中做出贡献的一线专任教师给予充分激励。三是坚持发展为本,完善教师考核评价。构建教师分类发展和激励体系。通过校院帮扶、项目牵引、资深教授指导和融入科研团队等方式,帮助青年教师快速成长。探索教师分类考核评价机制,制定了《东华大学教师岗位分类管理实施意见》(讨论稿),推进符合学校实际的岗位分类管理。深化校院两级管理,建立学校考学院,学院考教师个人的分层考核办法。

四、健全符合中国特色现代大学特点的薪酬分配制度

第一,高校推进内部薪酬分配改革,理顺内部收入分配关系,保持各类人员收入的合理比例。在核定的绩效工资总量内采取年薪制、协议工资、项目工资等灵活多样的分配形式和分配办法。

例如,北京科技大学就以新一轮岗位聘任为契机,调整和完善校内岗位津贴制

度、协议工资制度等,在遵循上级部门收入分配政策的基础上,适当提高教职工收入水平。以人才奖励、教学科研奖励、青年教师奖励等多种形式,向高层次拔尖人才和青年教师倾斜,增强收入分配的激励作用。结合事业单位养老保险制度改革,建立职工全员养老保险和职业年金制度。

大连理工于2017年1月对高端人才实施岗位协议工资制,将高端人才的岗位任务与薪酬水平挂钩,并根据岗位任务的年度完成情况适度调整下一年度的薪酬待遇。

厦门大学研究制订《厦门大学薪酬改革方案》,优化在职人员薪酬结构,建立工资正常增长机制;科学设置基本薪酬标准,保持三支队伍的适度平衡和协调发展;打造"宽带细分"的薪酬模式,拓展教职工职业发展空间。按照"多劳多得、多贡献多得、多担当多得"的原则,强化绩效考核,建立动态调整、"能上能下"的激励约束机制,逐步建立与岗位责任、业绩、贡献挂钩的全员协议工资制度。

第二,加强高校绩效工资管理。高校根据备案人员总量、当地经济发展水平、办学层次等因素,自主确定本校绩效工资结构和分配方式。绩效工资分配向关键岗位、高层次人才、业务骨干和做出突出成绩的工作人员倾斜。高校科研人员依法取得的科技成果转化奖励收入,不纳入绩效工资。

中国传媒大学根据"按需设岗、多劳多得、优劳优酬、效率优先、兼顾公平"原则,不断深化教职工内部分配制度改革,制订《中国传媒大学职工内部收入分配调整方案》等一系列分配制度方案。完成绩效工资申请总量上报工作,为实施国家绩效工资改革方案、制订学校新的绩效工资实施方案提供数据支撑。完成退休人员档案核查工作,为学校保险制度改革奠定基础。

中央音乐学院从2011年1月起,开始执行新的岗位津贴分配方案,岗位津贴标准较之前平均增幅在45%～50%之间。同时根据学校"十二五"规划目标,每年全院人员岗位津贴按10%的比例增长,切实改善了全院教职工的生活水平。同时,调整工龄津贴标准,向工龄长、职级低的老职工倾斜,增加他们的收入。同时,实行学年考核与绩效奖挂钩制度,在每学年末,根据学年绩效考核,由部门评定个人学年绩效奖等级。为了加强管理,提高工作绩效,从2012年起发放年终绩效奖,发放范围为全院正式在编在岗教职工及全职外籍教师。从2014年起为在职教职工发放第14个月工资。

第二节 成绩总结

随着我国教育体制改革的不断深化,很多高校对教师考核评价制度改革进行了积极探索研究,主要体现在以下几个方面:

一是加强制度建设,引导全面发展。如浙江大学在培养教师教学能力上下功夫,通过强化教学基本职责、设立教学研究与发展中心、建立责任教授制度、设立奖教金、开展青年教师教学技能比赛等多种形式,推进教师教学能力的提升,提高人才培养质量。

二是实行过程管理,弱化量化指标。如南京大学等高校在制订考核方案时,对科研考核进行了简单化、宽松化、弹性化改造,不以数字和速度论英雄,淡化教师对数字和速度的追求。

三是制定阶段性目标,实行聘期考核。如中山大学从 2003 年开始实施聘任制,与教师签订教师职务聘任合同,每三年进行一次聘期考核,通过三次聘期考核已有近 200 人不再续聘教师岗位,同时对不再续聘教师实行人性化管理,畅通人员立体化分层流转退出机制。

四是改进考核手段,丰富考核主体。如南京大学将长江学者考核改为举办述职报告会,既实现了对长江学者聘期贡献的考核,又对其他青年学者的发展起到了引领示范作用。

五是关注个体差异,实行分类管理。如浙江大学从 2010 年开始实施教师岗位分类管理,通过设立教学为主岗位和团队教学岗位,鼓励保障一部分教师专心教学、安心从事一线基础教学工作。

2.通过实施定编定岗,造就一支支撑学校未来发展的高水平师资队伍。

近 40 所 211 院校实施了符合自身条件师资培养计划,例如,北京大学建立包括讲席教授和青年学者在内的北大博雅人才计划,将国家和学校的相关人才计划纳入到统一的新的师资人才队伍体系中,积极推进完成新老教学科研核心队伍的人事体系并轨。2016 年,入选长江特聘教授 15 人,万人计划领军人才 20 人,青年千人计划 29 人,青年长江学者 13 人。国家青年人才计划入选人数处于领先水平,人才队伍竞争力进一步提升。

3.通过实施管理服务岗位分类管理和考核,健全各类管理岗位的人员的职业发展通道,更好地激发各类岗位人员的积极性,使各类岗位的人员能够各得其所、各展所长。

4.通过完善职员职级制度,形成适应学校建设世界一流大学的要求,能充分体现高校管理人员的工作属性与职业特点的管理制度,引导各级职员爱岗敬业、积极进取、恪尽职守、乐于奉献,不断提高管理工作的质量和服务工作的水平。干部能上能下机制逐步建成,对大多数干部有稳定发展的保障通道,对特别优秀的"好干部"有激励的快速通道。

5.通过完善管理岗位的岗位聘任办法、优化考评体系,实现管理岗位的科学、合理设置,优化资源配置,深化作风和效能建设,提升管理和服务的能力水平和效率。"公开选拔、岗位聘人"的社会化用人机制逐步建立。

6.通过建立、健全校内外的兼聘制度,形成一批能够引领国际学术前沿和解决国家重大需求的具有影响力的创新团队。

7.通过实施新的津贴分配办法,教职工收入差距相对合理,收入分配更加趋于公平,也实现了各二级单位对教职工的精细化管理。

第三节　经验归纳

从各高校的综合改革总结自评报告来看,大多数高校都提出了要将人事制度改革作为重点改革内容。从具体内容来看,人事制度改革内容主要包括:人才引进与培养、人才聘后管理以及收入分配激励机制。

一、人才引聘

人才是学校事业发展的战略资源和关键所在。76所高校中有近50所高校都着重强调了人才的重要性,学校要想以世界一流大学为标尺建设一流大学和一流学科,就必须要坚持培引并重,努力打造具有国际竞争力的师资队伍、具有顶尖水平的学术团队、具有专业化水准的管理服务队伍和技术支撑队伍。

第一,实行人才引聘新机制。大力推进公开选拔、竞争上岗等制度,通过灵活多样的用人机制,促使人员聘用由身份管理向岗位管理转变。根据"按需设岗、按岗聘用、分类管理、合理流动"原则,结合学校各项工作需要设立岗位。

重庆大学充分利用传统优势学科的平台优势引进学术领军人才,通过以才引才汇聚各类优秀才俊。土木学科通过院士的全职引进,从国内外汇集了两位"长江学者"和"杰青"和近十位"百人",其中两位"百人"成功入选"优青"。电气学科引进的加拿大院士李文沅也成功入选中国工程院外籍院士。并且,该校用与国际接轨且结合了学校特点的聘用体系引育优秀青年人才。"百人"中首位通过国际同行评价转为终身副教授的蓝宇因成果丰硕获得 2016 年度中国化学会青年化学家奖(全国仅 10 位)。

华南理工大学建设"引进人才特区",形成更为灵活和充满活力的人才集聚管理机制。该校先后在生物科学与工程学院、工商管理学院、经济与贸易学院、电子与信息学院推行人才特区建设方案。目前,各特区引才机制运转良好,吸引了一批海内外顶级学者及青年拔尖人才。

第二,下放人事人才管理权。深入推行人事人才院校两级管理体系,持续强化二级学院人事人才工作中的主体地位,明确其在引才、育才、聚才、用才等方面的自主权和责任,下放人才引进、岗位聘用、职称评审等权限,推动二级学院人事人才政策创新和人事制度综合改革向纵深发展。

华南理工大学坚持实施人才强校战略,结合国家和省、市人才事业发展战略,以重点学科为基点构筑汇聚和培养人才的高地,强化高层次人才的支撑引领作用,推进人才发展体制和政策创新,向用人单位放权,为人才发展松绑,积极构建广纳群贤、充满活力的人才工作机制,为人才搭建平台、提供条件、营造氛围,增强对优秀人才的吸引力和凝聚力,培养和引进了一批结构优、素质高的高层次人才队伍和创新团队。

哈尔滨工业大学稳步进行人才管理体制改革,推进人才工作重心下移,落实学院作为用人主体的自主权,各学院在核定编制内自行规划、开展队伍建设工作,建立整体绩效考核与分配机制,增强学院收入分配自主权。

二、人才培养

以提高办学质量和办学水平为导向,努力培育高水平的师资队伍,培养具有国际竞争力的创新人才,产生国际一流水平的顶尖学科和科研成果,提升服务国家和区域发展需求的贡献度,增强参与重大国际事务的影响力和竞争力,全面提升一流大学的建设质量和水平。

哈尔滨工业大学建立完善了促进人才成长发展、脱颖而出的培育支持机制。一是构建了多角度、全方位、全过程人才成长助推体系和基于竞争的持久支持机制,实施了青年拔尖人才、教学拔尖人才、重大项目突出贡献人才、基础研人才跃升计划等人才选拔支持计划,强调对引进人才也要给予持续的培养和支持,选拔培养未来领军人才、国家级教学名师和高水平科研带头人。二是建立创新团队培育支持体系,建立并完善了"青年科学家工作室"制度,拟出台"科学家工作室"制度,学校在人、财、物等资源投入上给予政策性保障、长期稳定支持和充分的自主权,培育新的学科增长点、一流科学家和创新团队。三是完善符合人才创新规律的科研经费管理办法,出台了《哈尔滨工业大学中央高校基本科研业务费管理办法》《哈尔滨工业大学科研经费管理办法》,尊重人才创新规律,赋予创新领军人才更大的人、财、物支配权。四是建立产学研用协同育人模式,支持鼓励青年人才在产、学、研、用各个环节勇挑大梁,"真刀真枪"参与各类项目,努力形成基础研究、工程技术研究、应用研究及产业化相互推动、相互转化,既出成果又出人才的良性互动局面。

三、聘后管理

第一,实行岗位分类管理。根据学校学科发展需要和教师工作性质,推行教师岗位分类聘用工作,使不同特点、类型和能力的教师,人岗相适,按岗取酬,进一步拓宽教师职业发展通道,尊重教师的职业发展选择,盘活师资队伍的积极性和创新性。

山东大学积极探索符合教师职业特点的分类管理、分类评价机制,制定了《山东大学教师岗位分类管理暂行办法》,并在个别学院进行试点。教师岗位分为教学型、教学科研型、科研型和应用技术开发型四种类型,由各教学科研单位依据本单位承载的教学科研工作任务,科学设置各类教师岗位,制定本单位各类岗位的职责及聘期考核办法,对各类岗位教师具体实施年度考核和聘期考核。

中南大学实行事业编制和非事业编制相结合的分类用人制度。制定非事业编制人员管理办法,对非教师类岗位,加大非事业编制使用力度。

第二,改革考核评价制度。改革现有的政绩评价制度,以工作业绩、工作能力、专业知识、工作态度、合作精神等方面为主要考核内容,建立科学的行政人员绩效考核指标体系,实施绩效管理。近40%的高校都认识到,完善教师考核评价制度是当前和今后一段时期深化高等教育综合改革的紧迫任务。

例如,西安电子科技大学根据教师工作特点、岗位类型、学科特征,结合岗位聘用合同,设置评价周期,注重评价实效。建立开放评价机制,通过同行专家评议,不断提高评价的公开性、公正性。为了引导教师切实提升对教学工作的重视和投入,对教学为主型教师开辟专门晋升通道,在单独设立评议组的基础上,单独分配名额。

华中科技大学建立首聘期考核准入机制,首聘 6 年两个聘期考核合格者及新聘讲师聘任到高级岗位者,可申请与学校签订相对固定的长期聘用合同。核定各单位教师编制,分类聘任,分类考核,分类发展,目前已基本完成 2012－2015 聘期考核工作,已出台《华中科技大学关于做好 2017－2020 聘期有关工作的通知》,启动下一聘期岗位合同的签订工作。

第三,深化收入分配激励机制,多所高校深化了校内收入分配制度改革,按照"以岗定薪、优劳优酬"的原则,逐步建立"以岗位职责为基础,体现知识、能力与贡献和鼓励创新创造"的分配激励机制,积极完善多元收入分配体系,吸引汇聚优秀人才,进一步激发广大教职工的积极性与创造性。

华中科技大学建立了院系工资总额承包的绩效津贴体系,综合考虑多种因素,确定各院系工资及绩效津贴总量。各院系在学校指导下制定具体分配办法,自主分配,享有较为充分的分配权限。各院系认真制定绩效考核办法,积极探索完善重贡献、重质量、重创新和创造的内部考核评价制度,不断强化岗位意识,夯实教学工作的基础地位,激励广大教师热心公益服务,并充分考虑对青年骨干教师以及长期从事基础研究、新兴与交叉学科研究教师的倾斜和保护,收入分配改革取得了较好的效果。同时,以国家绩效工资改革为契机,学校清理规范各项津贴、补贴,进一步理顺分配关系,规范教职工收入分配结构,全校教职工的收入水平得到较大幅度提高。

厦门大学研究制订了《厦门大学薪酬改革方案》,优化在职人员薪酬结构,建立工资正常增长机制;科学设置基本薪酬标准,保持三支队伍的适度平衡和协调发展;打造"宽带细分"的薪酬模式,拓展教职工职业发展空间;按照"多劳多得、多贡献多得、多担当多得"的原则,强化绩效考核,建立动态调整、"能上能下"的激励约束机制,逐步建立与岗位责任、业绩、贡献挂钩的全员协议工资制度。

第四节 困难分析

一、引才留才难度大

第一,高层次人才总量不足。大多数高校都提到了高层次人才资源紧缺的问题。而"985"高校师资实力相较于其他高校而言,师资实力更为雄厚,但他们也提出高层次人才缺乏仍然是制约学校发展的瓶颈,师资队伍整体素质与结构有待进一步提高和优化。从地区分布来看,西南、西北、东北地区高校在引才留才问题上面临更尴尬的境地。尤其是在"双一流"建设背景下,高校间人才争夺更加激烈,如何创新思路和举措,突破高层次人才队伍瓶颈,实现师资队伍水平显著提升,是今后人事师资制度改革的重点。

例如,中南大学就面临学科领军人才断层的问题。目前,该校活跃在国际学术前沿和国家重大战略需求领域的学科领军人物不多,且后备人才不足。国内"2+7"高校拥有的两院院士、"长江学者""国家杰青"平均数,约为该校相应人才总量的三倍。"双一流"建设遭遇人才瓶颈。近几年来,该校大力实施"中南千人计划"、青年人才"创新驱动计划"等,但受制于外向度不够高等外部区位因素,并受限于校内整体条件对顶尖人才吸引力不够强大等自身原因,加上部分学院学科引才用才的主动性包容性不够,尚未有效扭转外面优秀人才难以引进、内部拔尖人才成长较为缓慢的局面。

中国石油大学(华东)指出,高层次人才缺乏仍然是制约学校发展的瓶颈,师资队伍整体素质与结构有待进一步提高和优化。尤其是在"双一流"建设背景下,高校间人才争夺更加激烈,如何创新思路和举措,突破高层次人才队伍瓶颈,实现师资队伍水平显著提升,是今后人事师资制度改革的重点。

第二,人才引进成本高,经费不足。人才引进与培养需要足够的资源,许多改革设计与推进实施受到经费不足的困扰。

以北京航空航天大学为例,该校位于北京,一方面地理位置优越,有助于优秀人才汇聚,但另一方面,北京作为一线城市,房价高居不下,人才引进成本偏高,导致人才引进难。同时,由于其他高校在待遇、条件保障方面有显著优势,该校面临优秀人才外流的危险。

对于北京化工大学来说,引进人才住房和子女入学问题较为突出,该校虽采取了多种措施,如周转房、租房补贴等,但问题根源并未得到彻底解决。而外籍人才来中国入职、生活方面的政策手续方面过于复杂且在国内获得竞争性科研经费的渠道少。

人才引进难度大,对西部地区高校来说更是如此。由于西部地区基础条件落后,学校人才队伍建设经费得不到保障,人才薪酬待遇落后于中东部地区,吸引人才难度更大。

第三,恶性竞争带来的人才外流。在"双一流"建设背景下,高校之间的人才竞争日趋激烈,甚至出现恶性竞争的情况。激烈的竞争环境使其在引进人才方面难度加大,不仅如此,恶性竞争还带来人才外流的恶果,尤其是对于西南、西北、东北地区的高校来说。

从 20 世纪八九十年代开始就出现了"孔雀东南飞"的现象,西部高校有实力的教师被吸引到东部发达地区。此后,这种流动一直存在,东部发达地区高等院校借助自己的地理、经济及其他优势,不断挖人。兰州大学曾经就是"被抢"的主要受害者,一些原本实力雄厚的学科,被抢得伤筋动骨,甚至出现过某一学科人才断档的局面。对于这种无序、恶性流动,教育部曾出台了进一步加强和规范高校人才引进工作的若干意见,这些措施的实施对规范高校人才引进和办学行为起到了积极的作用。但是,随着国内高校"双一流"建设的启动,这类问题再次突出。推动力不仅在高校,也在地方政府,很多省市列出了重点扶持一批高校争创一流大学、一流学科的名单,配套大量扶持资金,高校为了确保能当"一流",又开始出现到处"挖"人的现象。

电子科技大学认为学校现有编制数是教育部 2007 年核定的,已不适应学校发展现状。特别是,电子科技大学这样地处西部不发达区域又在竞争非常激烈的学科领域的大学,吸引人才、留住人才、用好人才面临全国乃至全球的竞争。因此希望对西部高校在国家各类人才计划、人才政策、编制管理、薪酬制度等方面予以更大的关怀和帮助。

二、教师考核评价体系待完善

教师考核评价制度改革涉及面广,牵涉利益关系复杂,如何建立有利于调动各类群体的积极性创造性的考核评价体系,是人事师资制度改革的难点。以质量和创新为导向的科学化和国际化的人才评价、项目评审、成果评估的考核评价体系还需完善。

《中国石油大学(北京)关于教师岗位考核评价的实施意见》从师德师风、教育教学、科学研究、公共服务与职业发展等四个方面对教师考核评价工作做出了总体要求,教务处、研究生院、科技处需要针对相关工作制定相关考核指标,各院(部)需要结合学科特点,根据不同岗位、层级教师的要求,制定具体考核指标体系。如何制定出内容全面、重点突出、操作性强、指标权重合理的考评体系需要各单位广泛调研、研究出台。

中央音乐学院提出,对教师的评价,要以师德为先、教学为要、科研为基、发展为本为基本要求,坚持社会主义办学方向,坚持德才兼备,注重凭能力、实绩和贡献评价教师,克服唯学历、唯职称、唯论文等倾向,切实提高师德水平和业务能力,努力建设有理想信念、有道德情操、有扎实学识、有仁爱之心的党和人民满意的高素质专业化教师队伍。

三、激励机制待健全

干部"能上能下"、教职工"能进能出"、奖优罚劣、优劳优酬的激励约束机制亟待健全。

近年来,北京体育大学积极探索教师考核评价改革,在教师分类管理、考核指标体系建立、强化聘期考核等方面做了有益尝试,积累了不少经验,但仍然存在教师选聘把关不严、师德考核操作性不强;考核评价缺乏整体设计;考核结果的科学运用有待完善等问题。必须通过深化改革,有针对性地加以解决。

华中师范大学指出在人事制度改革方面,能进能出的人员流动管理机制尚未真正形成,职务"能上能下"的竞争激励机制未能实质建立,分配制度上不合理的现象仍然存在。

四、岗位管理存在不足

各高校应根据不同类型的教师岗位,制定相应的聘用条件、岗位任务、评价标准,并以职称晋升和聘期聘用、考核为抓手,推进分类管理,同时完善退出机制。

河海大学提出该校岗位的聘用存在着能上不能下的情况,今后应进一步探索实践能升能降、能进能出的用人机制。

南京农业大学在践行科学设岗、按需设岗、按岗聘任的岗位管理上还存在不足,对如何评估和设定符合学校发展目标的岗位数量要求还缺乏成熟可行的办法。

第五节 未来思路

一、加大海内外优秀人才引进力度

人才是学校事业发展的战略资源和关键所在。要坚持培引并重,努力打造具有国际竞争力的师资队伍、具有顶尖水平的学术团队、具有专业化水准的管理服务队伍和技术支撑队伍。要加强师资储备,更加关注"有效体量",建立专职科研人员队伍。

二、扩大院系自主权,推动管理重心下移

进一步扩大二级学术机构办学自主权,推动管理重心下移。合理配置二级学术机构人、财、物、事管理权限,把二级学术机构建设成为责权利统一的、充满活力的办学主体。二级学术机构作为学校基本办学单位,在授权范围内实行自主管理,校区代表学校承担属地范围内的统筹协调和服务保障职能。

三、进一步完善岗位聘任制度

启动对专业技术人员、管理人员、工勤人员全面实行岗位管理的改革,明确岗位职责、任职条件和聘任期限,逐步实现按需设岗、竞聘上岗、按岗聘用、合同管理。坚持公开、公平、公正的原则,修订完善学校竞聘上岗规定,以岗位职责任务和任职条件为标准,以品德、能力和业绩为依据,严格条件,规范程序,择优聘用。

四、深入推进教师考核评价制度改革

建立以质量和绩效为核心的分类考核评价机制。坚持将教书育人作为教师考核评价的第一要素和最基本要求,确保教师把主要精力投入到人才培养工作中;建立科学有效、导向清晰的教师教学工作评价体系;完善学术评价标准,根据不同学

科性质以及不同类型科技活动特点,建立涵盖科研诚信和学风、创新质量与贡献等为主的,科学合理、各有侧重的分类评价标准,激励教师不断提升学术水准;深化科教融合,努力提升教师的教学水平和教学质量。

五、深化收入分配制度改革

实行以岗定薪,岗变薪变的收入分配办法,将职工的薪酬收入与岗位职责、工作业绩、实际贡献以及成果转化中产生的社会效益和经济效益直接挂钩。建立教职工薪酬收入的正常增长机制,加大结构调整力度,优化收入结构,助推分类管理改革。建立灵活多样、规范有序的收入分配机制。探索实施年薪制、协议工资制、项目工资制和团队薪酬制等分配形式,规范收入分配管理,形成合理、和谐的校内收入分配机制。

六、完善考评激励机制

改革完善学科绩效评价、考核、激励办法,实行学科的项目负责人制度,建立责权利相统一的考评激励机制。

东南大学从校外人才引进、校内人才培养、考核激励和体制机制方面均进行了全面布局和深入改革,构建了一套比较完善的人才培养制度体系,取得了系列制度成果。在考核激励方面有《东南大学突出成果奖励暂行条例》《东南大学单位综合考核及年度奖励性岗位绩效津贴分配办法》等。

第四章　学科发展与科研体制创新

第一节　具体措施

一、学科发展与建设

（一）第一，实施动态调整，优化学科布局

纵观世界一流大学的发展路径，建设世界一流大学的核心是建设世界一流学科，学科是高校人才培养、科学研究、社会服务的基本依托，一流大学必有一流学科。高校学科建设是一项复杂的系统工程，涉及学科定位、学科体系、学科结构、学科组织、学科管理等方方面面的问题。学科体系建设是高校学科发展的前瞻性谋篇布局，为高校学科发展指引明确的方向，是高校学科发展战略决策与规划的重中之重。

根据《统筹推进世界一流大学和一流学科建设总体方案》战略部署，在本次86所高校的83份自评报告中，近80％的高校完成了学科结构调整，并对学科布局进行了优化。各高校以立德树人为根本，以支撑创新驱动发展战略、服务经济社会发展为导向，加强系统谋划，制定学科发展目标，根据目标定位对学科进行分类建设。

北京师范大学的"双轮驱动"管理改革就具有较好的借鉴作用，在学校出台的《学科能力提升计划》中，确定了一级学科和交叉学科的双轮驱动战略，根据目标定位不同分为世界一流学科、国内一流国际知名学科、国内知名学科和特色培育学科四类进行建设。还有武汉大学分为 A 类（世界一流学科）、B 类（国内一流学科）和 C 类（特色学科）三个层次进行建设。中国农业大学将学科分为高峰、高原、基础与特色学科三类来建设等。各高校结合实际校情开展顶层设计，撤销或新增一批一级学科硕士学位点，基本完成了学科的结构调整与布局优化。

清华大学针对不同的学科特点和学科发展规律，结合自身整体战略布局，制定学科建设管理办法。实施学科分类支持与评价。按照工科、理科、文科以及生命科学和医学学科，对处于不同建设阶段的学科，即新建学科和成熟学科，制订不同的支持方案，采用多元化、多维度的学科评估体系，对学科建设的资源配置，根据评估结果实行动态调整。

北京科技大学坚持"突出特色优势，凝练领域方向，优化结构布局，注重内涵发展"的方针，构建起"传统优势学科世界一流、工科主干学科国内一流、理科特色鲜明、人文社科在国内具有一定影响力"的学科布局。坚持分类发展原则，明确学科建设责任人。建立更加科学合理的学科建设投入与评估考核结合的管理模式，以学科规划内容、建设目标和评估结果为依据，统筹学科建设资源配置。

值得注意的是，天津大学则专门建立了学科结构调整和优化机制。其着力完善"综合性"学科布局，提升学科结构性优势，实施顶尖学科建设计划（TOPS—顶尖（Top)学科、优势(Outstanding)学科、潜力(Prospective)学科、学科交叉支撑平台(Supporting))。发挥学科在凝聚队伍、培养人才、科技创新、环境建设、资源配置、深化改革等方面的基础作用，提高资源使用效益；借鉴国际一流学科的建设标准与经验，积极参与国际学术竞争，提升学科国际影响力。开展学位授权学科和专业学位授权类别动态调整工作，以未获得一级学科授权、发展潜力不足的硕士二级学科为调整对象，撤销 2 个硕士二级学科，增设 2 个硕士一级学科。以凝练学科方向为目标，遵循"可增可撤、可内可外"的原则，开展二级学科自主设置。以光学工程学科为试点开展国际同行评议，从国际视角判断学科的发展状况，调整和优化学科布局，不断提升学科的整体实力和水平。探索建立有利于学科交叉融合发展的体制机制。学校统筹规划和管理学科交叉中心建设，建设理工交叉、工科内部交叉、工科与生命学科交叉、工科与人文社科学科交叉等多个学科交叉平台，推动学校优势学科和新兴学科跨越式发展。

学科体系、学科综合实力的建设是一项系统工程，目前，各校基于自身的发展目标定位，根据自身的实际条件、学校类型和特征，借鉴世界一流大学学科建设的基本经验，在"基础学科、主干学科、支撑学科和交叉学科"的整体框架之下理性地选择了符合自身的学科体系结构。学科体系、学科综合实力建设离不开大学管理

体制、资源投入、人才建设、国际交流等事务,高校应在制度上予以调适、在政策上
予以重视、在资源投入上给予保障、在学术队伍建设上给予支持,同时加大国际交
流借鉴国际经验,不断推动学科体系的构建与完善,促进学科综合实力的逐步提
高,进入世界一流水平。

(二)第二,明确建设任务,合理配置资源

资源配置的目的,是为了更加有效地为国家和社会发展提供有力的学术和人
才支撑。为进一步提升资源汲取力度、整合能力和使用效益,推动学科内涵式发
展,一些学校针对未来几年的学科规划和学科定位,制定了切实有效的建设目标和
重点建设任务。

中南大学构建"战略规划＋目标管理＋过程监控"为主线的学科建设绩效评价
机制,组织全校一级学科开展学科发展规划研讨,引导学科逐步建立基于数据驱动
的战略规划方法,在利用、挖掘、研究纵横向数据资源的基础上,学科自主确定发展
愿景、方向、目标和路径。华中科技大学实施"任务模式"重大改革,按照"突出育
人、建强队伍、深化合作、聚焦目标、弥补短板、提升效益"等具体内容配置双一流建
设经费。

北京邮电大学将学科建设成效作为考核的主要指标,明确学院承担学科建设
工作的责权利,学校和学院分别制定推动学科建设的相关政策,分级优化学科资源
分配方式,为学科建设提供资源保障,依据学校对每个学科的定位和建设目标来评
估学科建设成效,并以评估结果为导向,动态调整学校对学科的资源投入。通过将
学科建设任务进一步细化,管理权力重心下移,理顺学科建设主体关系,根据目标
任务导向,对不同类别学科所需的资源进行精准投入,提高了使用效益。

其中,政策落实较为细致的当是北京师范大学。首先,其整合力量,形成"拳头
效应"。地理学、心理学是该校优势学科,2016年年底成立两个学部,整合了校内
分散的学科建设力量,为两个学科进一步冲击世界一流学科、打造具有国际影响的
中国地理学派、建设世界一流脑科学中心奠定了坚实的基础。其次,该校落实自主
权,激发办学活力。根据学校部院系综合改革精神,学部筹备工作组研究印发了各
学部的《管理自主权权限清单》,给予学部充足的学科建设、人才培养、科学研究、队
伍建设、经费使用、资产空间等方面的资源支持,落实了管理自主权限,并明确了学
部相应的责任和要求,充分调动了学部办学的积极性。人才集聚效应初显,学科交

叉效果可期。学部成立形成了一定的标杆示范作用,在稳定人才、吸引人才方面发挥了明显作用。地理科学学部建设地理学、测绘科学与技术、安全科学与工程、中药学 4 个一级学科,心理学部主建心理学,参建生物学、计算机科学与技术、系统科学等与脑科学发展密切相关的一级学科,打破了原有学科之间的壁垒,优化了资源配置,促进了学科在前沿和高端研究领域的交叉和融合。

(三)第三,服务战略需求,促进交叉融合

学科交叉是学科建设的必然要求,传统的单一学科已远远不能满足服务国家和区域重大战略问题的需要,必须通过加快体制改革、调整专业设置、建设优势学科群、开展跨学科研究等措施,为学科交叉创造条件与环境,促进学科建设水平的不断提高。

北京师范大学于 2016 年出台了《学科交叉建设项目实施方案》,该方案设计了面向学术前沿、面向关键技术、面向政府决策、面向科研产业化四种类型和重大、重点、一般三个层次的学科交叉建设项目布局,明确了学科交叉建设项目的管理体系、评审认定办法、资源投入保障,为了进一步推动学科交叉建设项目的实施,学校该校还出台了《北京师范大学关于公布首批重大、重点学科交叉建设项目布局领域的通知》和《北京师范大学学科交叉建设项目实施细则》等文件,从战略布局、内容设计、项目规划和制度操作层面均提出了较好的改革方案。

有了政策的保障,实际措施才得以落地。南京农业大学基于现有的"校—学部—院系"三级学术组织结构体系,不断创新学科建设模式和思路,建立以问题为导向的研究中心,作为跨学科、跨学院、跨门类整合资源的平台,建立根据科学发展趋势调整科学研究方向与学科结构的内在机制,按照单学科—跨学科—学科群的发展模式,营造良好的学科交叉、融合与发展环境,建立跨学部、跨学院的优势学科群,鼓励自由组合建立跨学科研究组织,争取政府和主管部门对学科建设的持续增量投入,提高学科原始创新能力。

中国近代科学主要从西方输入,虽经二三百年的发展已进入现代科学时期,但仍比较落后。要加速中国科学的发展,必然要从社会环境和文化背景上进行反思,以改变学科分隔的陈旧观念、思维方式和价值观念,积极鼓励学科间交叉和交叉科学的发展。

（四）第四，完善评估体系，提升学科质量

学科是大学最基本的单元，是一所大学竞争力和特色的集中体现，所谓一流大学也是因为其有一批一流的高水平学科而知名。学科的评估就像人的体检一样，经过一段时间的学科建设，就要进行定量和定性的分析评价。要推动学科发展上新台阶，需要了解学科现状的真正内涵、本质及质量现状，需要更有说服力的学科"体检"。学科评估不仅使我们了解了学科的本质内涵和质量现状，还为我们学科建设"开出良方"。

为深入了解学科发展的现状和水平，准确把握学科未来发展趋势，体现学科建设内涵式发展，完善学科评估考核体系至关重要。探索新的学科建设绩效评价机制，首先要充分了解学科建设的各种构成要素，如师资队伍质量、人才培养质量、标志性科研成果、国际化发展、学科可持续发展性、社会综合评价等方面。除此之外，还要积极探索科学合理的评估程序和方法，促进学科优胜劣汰，突出学科建设的质量效益、社会贡献度和国际影响力。

北京外国语学校在这一方面做得较为突出。该校以教育部学位与研究生教育发展中心学科评估系统为基础，实时监测校内学科信息，对接全国学科评估系统。以国际一流学科为参照，按照国际通行标准，制定学科发展和评估指标，适时引入国际权威的学科学位评价机制。完善学科考核办法，结合国家宏观政策与学科发展规律，与全国数据及学科自身历史数据进行比较，对校内一级学科发展状态进行年度评估。以年度评估为依据，实现各学科的自我约束、发展和动态调整。加强学科布局的顶层设计和战略规划，成立校级学科发展专家咨询委员会，对学科布局和战略发展方向提出政策建议。

湖南大学在深化学科管理机制改革中的做法值得参考，学校从三个层面完善绩效评估体系：首先从实效出发，建立了"投入—产出"学科建设绩效评估体系，将学科建设绩效评估指标划分为投入指标和产出指标两大模块，提高人才培养指标在评估指标体系中的比重；其次从学科的不同特点出发，按工学、理学、经管与人文学科四个学科大类开展绩效比较，建立学部分类评价指标和评价标准；最后从结果导向出发，将学科建设绩效评估与学院目标管理紧密结合，制定了导向明确、激励约束并重的评价标准和方法，并将考核结果作为学院建设经费动态投入和管理的重要依据，指导学院学科建设。

二、科研改革与创新

(一)统筹重大任务战略部署

科学研究问题的复杂化使得原有的"单兵式作战"研究方式远远不能满足当前研究的需要,必须打破学科壁垒、院系壁垒,实行"协同式攻关"的研究方式才能承担重大项目研究。学校不仅要对国家发展战略和全局性问题具有较高的研判能力,同时还要主动布局策划培育一批重大项目,通过选题征集推荐、专家论证修改、协同组建团队、配套服务到位等环节,从顶层组织开展战略部署,统筹协调各方优势资源,在项目实施过程中予以重点倾斜。

南京大学以"双力驱动"为指导,在人文社会科学科研中实施文科重点方向和重大问题研究计划,着力提升南大文科科研创新能力。北京科技大学创建完善以学科交叉为特色的重大科技项目工作组模式,出台了《北京科技大学重大科技项目专项工作组管理办法(试行)》,推进以学科交叉为特色的重大科技项目工作组模式,这一模式对校内学科交叉、优劣互补起到了非常有效的整合作用。大连理工大学创新重大项目谋划和培育模式,重点围绕"十三五"国家科技体制重大变革,联合组建科技攻关团队,共同探索有利于学校科研工作发展的新思路、新想法、新路径,改革基本科研业务费重大项目培育科研专题的培育模式,对学校重大项目谋划和培育实施分层次、有计划的引导和鼓励。

(二)打造高水平学术科研平台

以人才、学科、科研"三位一体"的创新能力提升为核心任务,整合校内各方资源,优化校内科研平台整体布局,扩大学科覆盖面。进一步凝练主攻方向,创新体制机制,促进学科交叉融合。按照学科群的方式集中建设和配置资源,开展有组织、成规模的协同创新,促进跨学科、有组织的大科研模式与兴趣导向自由探索研究模式的相互结合、相互支撑。

中国人民大学以解决"大问题、真问题、难问题"为导向,以优势学科为基础,建设若干高起点、有关联的学科交叉协同平台,建立以学术和创新绩效为主导的资源配置和学术发展模式,以大科研理念构建了"大国学"、"大金融"、"大传播"和"大数据"学科发展平台。华中师范大学实施"平台联合体建设专项",整合汇聚校内优势资源,以文化艺术与科技创新类平台合作为纽带,推动文理工的交叉协同;以文化传承创新为目标,促进文史哲的交叉协同;以区域经济社会发展研究为中心,促进经管法、新闻、政治的交叉协同,以此争取获得更多重大科研项目。北京交通大学发挥高速铁路领域的优势特色,服务"一带一路"战略和高铁走出去,打造了一系列国际科研合作平台,取得了显著成效。

东华大学开展跨单位、跨学科、跨学院的协同科研,加强跨学科科研平台和科研团队建设。对接国家五大类科技计划体系,成立重大科研项目预研专家组,加大重大项目的组织和研讨,凝练重大任务;改革和创新科研经费使用和管理方式,不断完善科研政策,改善科研软环境,促进形成充满活力的科技管理和运行机制。加强内部管理,熟悉和掌握内部资源,强化主动服务,提升服务质量。

(三)推进中国特色新型智库建设

坚持问题需求导向,服务国家发展战略,以研究回答国家、区域经济社会中的重大理论和现实问题为主攻方向,以一流的学科、团队、学者为基础,积极推进中国特色新型高校智库建设。从封闭独立转向开放合作,在用人机制、考评机制、激励机制创新的基础上建立灵活的职务(职称)评定机制和薪酬制度,探索智库体制机制创新"特区"。

中南财经政法大学在智库中心推行"矩阵制"和"项目制"科研组织形式,组建跨专业、跨学科、跨学院的研究团队,对中长期科研发展重点项目进行联合攻关,完善智库人员流动机制。东北大学建立若干面向矿业、冶金、材料、信息、制造等重点行业以及服务区域发展的特色"智库群"。

北京师范大学通过组建、培育,整合学校优势资源,搭建起服务国家的高端智库平台。学校积极落实中央《关于加强中国特色新型智库建设的意见》精神,大力推进智库建设,利用学校优势学科资源,组建中国教育与社会发展研究院,获得国家高端智库认定,在这一领域为国家政策制定做出重要贡献。该校还积极参与"2011计划",组建中国基础教育质量监测协同创新中心,成为教育领域第一家,也是唯一的国家级协同创新中心,为中国基础教育的发展提供质量数据支持和发展策略建议。

(四)完善科研学术评价体系

按照"总体统筹、分类指导、动态优化"的原则,推行以质量为导向、以创新为驱动的科研评价机制,营造求真务实、科学严谨的学术氛围,遵循学科特点和人才成长规律,针对不同学科、不同层级人才,实施分类评价,建立校、院两级科研绩效评价的体制机制。建立对待不同研究类型和学科的差异性评价标准,明确评价指标和要素,重视创新质量、社会效益、经济效益等方面的综合考核,建构定性与定量、主观与客观相结合的评价方法。

在科研成果奖励方面,北京师范大学改变了以往只针对论文、专著、获奖等传统科研成果形式的奖励,还实行了管理服务过程奖励,对社科处、科技处入账的科研项目经费按照校留经费的相应比例(4%～7%)给予奖励,在重大业绩奖励中,将范围扩大到包括各级各类有重大影响的科研获奖、科研项目、科研平台、科研团队、科研成果等,根据不同层次和等级给予不同额度奖励,体现了对多元化科研成果的认可和合理评价,有利于发挥教师创新成果产出形式,有利于学校科研创新能力的提升。南京大学摒弃了过去靠影响因子、分区等简单评价成果质量的方法,根据不同学科特点建立了体现原始创新导向和注重创新质量的奖励标准。

在科研人员评价方面,北京语言大学等学校将教科研人员分成教学科研并重、教学为主、科研为主三类岗位人员,对不同人员制定适合其岗位特征的不同科研任务考核目标。中国石油大学(北京)实行科技人员分类评价,探索建立以学术共同体为评价主体,以重大成果产出为导向的分类评价体系,建立适合行业特色高校评价机制改革的具体操作方案和新举措,对从事不同科研活动类型的人员建立分类评价制度。

(五)加大科技成果转化力度

科技成果转化为生产力的过程是科学形态的转化过程和技术形态的转化过程的统一,是发挥科学技术第一生产力作用的关键环节。科技成果转化能力的高低,是衡量一个国家自主创新能力强弱的重要标志之一。高校要建立科技成果转化管理体系,建立并逐步完善了技术成果库、技术专家库、企业技术需求库,健全完善高校产业市场化运作模式,完善科技成果转化相关配套政策体系,做好学校科技成果的使用、处置和收益管理,建立专业化的成果转化机构,积极探索建立职业经理人培养与引进制度,为促进科技成果转化、孵化高科技企业、支撑创新创业实现无缝衔接、提供全程服务。

华南理工大学出台了《关于服务创新驱动发展,进一步推进科技成果转化和创新创业的若干意见》,通过构建专利技术蓄水池,完善收益分配政策,拓展科技成果转化扶持资金渠道,探索推动科技成果有效转化的新途径等有效措施,调动科研人员参与应用研究和成果转化的主动性和积极性。中国农业大学修订了《科技成果转移转化办法》,将成果转化后对科研人员的酬金奖励比例提高到60%,股份建立为50%,充分响应国家关于促进科技创新和经济结构升级的要求。重庆大学将科技成果转化纳入职称评定、岗位管理和考核评价体制,成立技术转移分中心并开展了实质性的科技成果交易、展示活动,利用科技成果信息中介平台发布学校科技成果和进行网上交易,通过市场化运营,建立专业化技术评估、培育、增值、推介、洽谈等全新商业模式,实现知识产权全过程管理,促进科技成果转化;在鼓励产出高水平人文社科成果的同时注重科研成果向现实应用转化,通过向政府部门推广应用、加强相关学术论文的发表和成果出版、"寓教于研"实现优秀科研成果为教学服务等举措,促进成果转化,鼓励协同创新,强化人文社科咨政育人和科教育人作用发挥。

(六)深化科研管理模式改革

以服务教学、科研和服务师生需求为导向,改变以往"粗放式"的管理方式,打造"精细化"、"人性化"的服务流程,转变行政职能和提高管理效能,调整科研管理权力重心,落实科研管理"放管服"改革,全面优化科研管理体系。

中国人民大学在出台的《综合改革方案》中采取建立项目过程管理,建立项目进度、项目质量与经费绩效挂钩的激励约束机制,全面提升结项率和优良率;探索间接费用改革和经费配套政策,全面提升教师的项目申请积极性和创造性;进一步强化各学院科研管理的职能,探索项目助理岗等措施,切实减轻教师事务性负担;强化科研服务功能,根据学科特点细分培训对象,增强教师科研项目申报能力,简化教师科研申报的程序性事务;优化校级项目资助体系,充分发挥校级项目的培育和激励作用;完善成果推介渠道,促进成果应用推广。

东北大学全面优化科研管理体系,先后出台涉及纵向、横向、科技成果转化、科技奖励、孔子学院、卓越创新培育计划等科研管理文件;项目管理实行"学院-科研管理部门"二级管理机制,减少中间环节;通过顶层设计,打通上中下游,推进学院、研究院、产业集团多部门协同联动,形成从基础研究到关键技术再到应用示范的科技创新服务全链条,实现科研管理的立体化。主动适应科技发展的新形势和新要求,遵循"宏观指导、微观激活、上下联动、效率优先"的原则,调整科研管理工作重心,积极贯彻落实国家关于加强科技成果转移转化相关政策精神,成立成果转移转化办公室,建立科技成果转化机制体制,汇聚校内外研究力量和创新资源;开发了全覆盖科研服务管理平台,细化科研管理流程,实现科研管理系统与财务管理系统的对接;修订重点科研基地管理办法,对重点实验室实行分级化管理,形成既相对独立又依托学院学科发展的格局。

(七)加快科研学术国际化进程

各地高校依托自身的学科优势与特色,主动服务国家"一带一路"发展战略,与海内外、域内外一流大学、一流科研机构建立合作往来关系,在研究项目和成果推广等领域开展实质性合作,建立长效合作交流机制。资助重要国际学术会议的承办,鼓励教师参加国际性学术研讨会,提交会议论文或者大会发言,鼓励教师在国际知名学术刊物上发表学术论文,在国际知名出版社出版学术著作,使研究成果走向国际化,提高国际学术界的话语权。

厦门大学在近年来大力实施国际化战略,主动服务"一带一路"发展战略、国家软实力战略和高等教育"走出去"战略,不断推进学校参与国际交流合作向广度和深度延伸,国际影响力和竞争力显著提升,其具体举措包括:积极搭建国际及区域合作与交流平台,积极拓展双边和多边合作平台,并依托多边平台为渠道拓展双边合作,使多边平台更好地服务于学校国际化战略;完善国际双向交流机制,积极拓展与境外学生交流项目等。

武汉大学探索建立统筹协调、协同合作的国际化联动工作机制,健全完善评估和考核机制和相关配套制度,加大国际化激励措施,积极推进自身与国际知名高校和科研机构建立国际科研合作长效机制,有效推动学校国际化办学的发展。近年来,学校与美国杜克大学联合成立昆山杜克大学,共建武大—杜克大学研究院;与英国阿伯丁大学合作成立武大—阿伯丁研究院;与美国芝加哥大学合作深入开展中美医学教育改革项目;设立了"世界著名科学家来校讲学计划"、"外籍科研专家项目"、"外籍授课专家项目"等一批重点外专引智项目,引进海外高端人才301人,聘请长期外国专家519人;派遣多批管理人员赴美国一流高校见习和培训;每年选送约1000名学生出国(境)交流学习。

第二节　改革成效

一、学科建设成效显著

在国家"双一流"战略驱动下,全国各高校积极开展学科建设,主要取得了以下几个方面的成效:

(一)学科布局进一步优化

针对以往学科分散、凝聚力不强、特色不明显等问题,各高校根据学校自身特色进行结构调整,从顶层设计进行优化布局,解决了"要建什么学科"、"怎样建设学科"和"建设什么样的学科"等问题,使学科建设方向更加明确,重点更加突出,特色更加鲜明,层次更加清晰。

例如,厦门大学实施《厦门大学哲学社会科学繁荣计划》,着力打造哲学社会科学研究的"厦大学派"。召开医学教育工作大会,大力扶持医学学科建设。在教育部第三轮一级学科评估中,5个一级学科进入前五位、16个一级学科进入前十位。2013年以来新增3个学科进入ESI全球前1‰,1个学科进入全球前100强,ESI前1‰学科数已达11个,居全国高校第十六位。

在"十三五"规划的指导下,中国农业大学对学位授权点进行调整,根据学校未来一流学科建设需要,增列了社会学和计算机科学与技术博士学位授权一级学科,取消了1个博士学位授权一级学科、2个博士学位授权二级学科和6个硕士学位授权一级学科和4个硕士学位授权二级学科。通过动态调整,使学科的定位更加清晰,发展方向更加集聚,更有利于集中力量形成一流学科体系。

(二)制订学科建设规划

将一级学科建设目标进行定位,以国际或国内追赶目标作为参照,选择适合本学科特点的绩效指标体系,明确细化学科建设重点任务,组织专家进行评估,不断完善学科规划。

据了解,85%的高校都出台了系列相关政策。例如,北京大学在2014年出台

《北京师范大学学科能力提升计划(2014—2020 年)》,确立了以一级学科为基本建设单元的发展思路,提出了分类建设、突出重点的学科建设规划,以及完善一级学科建设责任体系的思路;提出了以学科交叉项目推进跨院系、跨学科的交叉融合,通过项目建设逐步探索有利于学科交叉创新的体制机制。

2016 年 3 月以来,华中科技大学双一流建设领导小组和工作小组已召开 13 次会议,形成 2016—2018 年双一流建设方案框架,制定《华中科技大学世界一流大学(学科)建设项目管理暂行办法》,编制 2016 年、2017 年华中科技大学双一流建设经费二次分配方案。

(三)深化学科交叉融合

加强对学科交叉融合的顶层设计,根据国家重大战略发展目标,开展了不同层次、不同类别的学科交叉建设,以学科交叉项目为抓手,搭建学科交叉平台,组建学科交叉团队,完善学科交叉机制,促进学科交叉深度融合。

中国海洋大学围绕海洋生物医药科技创新链条,以药学全部二级学科为支撑,组建了海洋糖工程药物等 10 个研发室和中心,构建了海洋生物医药技术转移过程中的技术、工程熟化平台;依托研究院建成海洋创新药物筛选与评价平台与海洋国家实验室高性能科学计算与系统仿真平台智能超算技术交融,构建了智能超算虚拟快速筛选技术体系;以学科交叉、平台融合、协同创新强化海洋生物医药领域"技术→工程"环节的研究,打通"科学→技术→工程→产业"链条中的瓶颈,为加速成果转移转化筑就了新通道,为一流学科建设增添了新动力。

重庆大学调整完善学科体系,进一步理顺学科发展思路,健全完善学科交叉的体制机制,打破学校内部学科点的行政隶属关系,促进学科交叉融合,恢复重建了汽车工程学院,成立航空航天学院、中建钢构—重庆大学钢结构工程研究中心、药学院等,融合物理、化学、生命科学、应用数学以及材料科学等学科,组建了重庆大学分析测试中心,加强学科间的资源共享。

二、科研水平明显提升

(一)科研经费规模稳步扩大

随着政府、企业和社会对科研的投入力度加大,各高校在科研经费量的增长上均有不同程度的突破。科研经费的增长直接体现了学校科研能力的强弱,在承接重大项目方面的能力有明显提升,在协同、汇聚社会各界优势力量和优势资源的能力上有所提高,在科研产出和成果转化能力上有所增强。

2011～2015 年,北京化工大学的科研经费累计到款 17.41 亿元,比"十一五"增长 7.9%。共承担各类科研项目 5078 项,牵头承担国家"973"计划、"863"计划、支撑计划、自然科学基金创新研究群体等国家级重大科技项目 11 项;国防军工类项目科研经费总额达 2.72 亿元,比"十一五"增加 9200 万元,高模量碳纤维等科研成果已成功应用在航空航天等领域。

中国石油大学每年学校到位科研经费总额稳定在 8 亿元左右,2016 年受石油石化行业整体形势影响有所回落。国家自然科学基金项目数量和经费总额也小幅增长,稳定在 90 项 7000 万左右,科研经费的结构也趋于合理,纵向经费和横向经费平分秋色。

(二)科研平台建设成效明显

以"大科研、大平台、大项目"为发展理念,充分发挥平台汇聚人才、交叉融合的功能,整合校内外优势资源,加大对各级各类科研平台的投入建设,打通学科之间、学院之间的壁垒,主动贴近国家重大需求,培养创新团队,开展重大项目研究,有效促进了学校教学科研发展。

值得一提的是,清华大学 2015 年 6 月 18 日与美国华盛顿大学、微软公司合作创办的全球创新学院(GIX)在西雅图正式成立,这是中国高校在美国设立的第一个实体性教育科研平台。全球创新学院将注重创新教育模式,这个模式依靠的正是三个"I"的特点:International 国际合作办学;Interdisciplinary 跨学科交叉;Integration 跨界融合。"创新"将成为这个新生学院的至高法则,跨学科、跨文化、实战、创新领域、产学研融合等将成为未来学院办学的鲜明方向。

南京大学于 2014 年与国家及教育部重点实验室建设与运行管理委员会,着力培养复合型领军人物,增强各平台重大科研活动的组织能力,建立健全了重点实验室年报与年度考评机制。2012 年以来,落实推进"2011 计划",探索协同创新的新模式,专门成立校级领导小组和专家委员会,出台体制机制改革专门政策,在南京大学有优势、有特色的学科方向上培育建设了 11 个校级协同创新中心。利用中央高校基本科研业务费分别设立创新团队项目、重点实验室项目和协同创新项目,支持团队与平台发展。积极培育青年创新团队发展。利用中央高校基本科研业务费,3年来持续启动和支持近20个校级文科青年创新团队(40周岁以下)项目,其中包含多个跨学科青年团队。利用南大人文基金设置了一批面向优秀青年团队的科研项目,资助他们从事组团式和自由式的创新性学术探索。

(三)科研能力整体提升

各学校按照"国家急需、世界一流"的要求,瞄准科学前沿和国家发展的重大需求,不断拓展项目申报渠道,大力推动自主创新和协同创新,实现了学校科研项目、成果质量的显著提升,纵、横向项目立项数较前几年有较大幅度增长,获得重大项目能力有所提升,优秀成果不断涌现。

上海财经大学的研究质量和创新能力进一步提升,高水平科研成果丰硕。"十二五"期间,累计承接国家级课题289项,较"十一五"时期增长一倍,其中国家级课题重大、重点项目增长108%;年均获取科研经费约3000万元,较"十一五"时期增长37.2%;获省部级科研奖项100项。国内权威期刊(一级A)论文发表量较"十一五"时期增长47.4%,SSCI论文发文量增长了5.6倍,达到532篇。经济学、商学、统计学在国际顶级学术期刊上发表论文取得显著增长,经济学实现了在 American Economic Review、Econometrica、Journal of Political Economy、Quarterly Journal of Economics、Review of Economic Studies 等五大国际顶级期刊论文发表的全覆盖。标志性成果涌现,6篇论文入选 ESI 高被引论文,2部专著获国内经济学界最高奖——孙冶方经济科学奖。

(四)科研评价体系逐步完善

各高校建立了"管评相对分离"的工作机制,保证了科研评价的专业化、规范性和公正性。并且进一步完善了科研评价标准体系,将各级各类科研项目、科研成果、科研平台纳入分类定级体系,重新调整分类依据,采用比较客观的评价指标,形成了全面系统、框架统一、文理各表的分类评价管理模式,有效激发了科研人员活力,促进了科研项目、成果、平台的质量提升。

2014年以来,华中科技大学先后制定《华中科技大学高水平科研成果奖励办法(自然科学)》《华中科技大学人文社会科学高水平科研成果奖励办法》《华中科技大学社会科学、经济学与商学 ESI 论文奖励暂行办法》,将 ESI 高被引论文，论文被引用和非第一作者非通讯作者高水平论文、国际合作论文纳入奖励范围，加大对高水平成果的"后激励"力度，实现从重数量向重质量快速转变。学术水平强劲提升，资料的时效性已滞后，修改该校有305篇高影响论文（热点论文＋高被引论文），较5年前增长4倍有余；5年间在国际三大学术顶级期刊Science、Nature、Cell及子刊发表论文77篇，较上个五年增加近9倍。科技奖励再结硕果，5年间该校获国家科技奖33项。其中，该校作为第一完成单位/完成人获国家奖21项，排名全国高校第四。2015年该校作为第一完成单位获得国家科技进步一等奖。

（五）成果转化机制不断创新

通过理清科技成果转移转化流程不同环节中相关部门的主体责任，解决各阶段的实施和衔接问题。建立科研成果定期汇总、评级机制，定期组织专家对成果的前沿性、可操作性、推广价值进行评审，根据区分项目的成熟度进行分类支持，出台成果转移转化配套政策，建立科技成果储备库，创新科技成果宣传推广路径。

中国农业大学修订了《中国农业大学科技成果转移转化办法》，对科研成果定价、转化收益分配、科研人员持股以及成果转化程序等进行了规范，将成果转化后对科研人员的酬金奖励比例提高到60％，股份奖励为50％，充分响应国家关于促进科技创新和经济经构升级的要求，将科技成果转化法和教育部有关规定落到实处。调整学校科技成果转移转化工作机构，将"科技成果转化与推广中心"更名为"技术转移中心"，负责单位调整到校办产业办公室，校办产业系统和科学技术发展研究院分工合作，共同负责学校的科技成果转化和推广工作。2016年，学校科技成果转化项目达到23项，合同金额6055万元，是2015年的10倍，创历史最高水平。

三、社会服务能力不断增强

（一）打造一批特色鲜明的新型智库

紧跟国家发展需求，适时调整科学研究方向，尊重科学研究的独立性，以专业的团队、专业的平台研究专业的问题，形成了一批专业化的国家高端智库、新型高校智库，按照智库建设的不同类型又分为国家级、省部级和校级智库，各级智库在文化建设、社会建设、外交与国际问题方面服务国家重大需求，为政府咨政建言，提供决策参考，积极发挥了"思想库"、"智囊团"的作用。

东北大学加强新型国家智库建设，建立若干面向矿业、冶金、材料、信息、制造等重点行业以及服务区域发展的特色"智库群"，为辽沈及东北区域经济发展和政府决策提供支撑。东北振兴研究院要率先建成在东北振兴理论和政策研究领域有影响力的新型高端智库。

东北林业大学现有文法、经管、马研和外语 4 个人文社会科学类研究学院，改革加快促进学校文科单位立足行业与区域特色提升科学研究、政策咨询能力的同时，进一步促进其他学科与人文社会科学的交叉融合发展，着力组建省级人文社会科学智库建设。交叉融合的智库政策咨询水平也逐步显现。马建章院士带领团队为设立国家公园体制提供科学依据和建设意见，得到中央领导的认可；赵雨森教授及其团队提出的黑土区治理与保护方案纳入"十三五"国家重点研发计划；国有林区深化改革建议，得到省政府重视；为省政府提供了林下经济发展研究战略咨询报告，提出的 8 项产业发展建议全部被列入黑龙江省"十三五"林业产业发展的 9 项规划之中，占到了产业发展规划项目的 88.89%。

（二）构建学校、地方、行业合作新模式

突破以项目合作为核心的传统产学研合作模式，构建了以市场需求为导向，以成果产业化为目标，以人才培养为主线的新型学校－地方－行业协同创新模式，实现了人才、科技、产业、资本的有机融合，有效解决了科技成果与市场的对接难题。

近年来，湖南大学进一步加强社会合作力度，与 400 多家企业建立了广泛的合作关系，组建了一批联合研究中心（实验室）、博士后工作站、院士工作室、科技成果转化孵化基地、产学研战略联盟。学校教师创办的高新技术企业达 40 余家，每年与企业合作科研项目近 400 项，共转化科技成果 500 余项，为企业创造产值近百亿元。学校 29 项决策咨询建议被省部级以上智库要报编发或省部级以上领导批示，产生了一批对社会有重要影响的优秀成果。2016 年，国学研究与传播中心等 5 家科研机构入选"中国智库索引 CTTI"来源智库。"花瑶花"文化产业扶贫项目获教育部定点扶贫十大典型项目第一名。

华中科技大学借鉴和推广"东莞工研院模式"，探索新型产学研科研组织形式和管理模式，深化校地合作，推动经济社会发展。新建驻外研究院 7 所，其中湖北省内 5 所；东莞工研院作为全国科技创新典型被《焦点访谈》推介。探索校企合作新机制，多渠道、多层次、多模式地与行业龙头企业合作，发挥企业的技术转化优势，加快学校科技成果产业化进程，推动行业科技进步，与华为、三一重工、西门子等行业龙头企业进行紧密合作。

第三节　经验归纳

一、坚持学校党委集体领导，整体推进学科与科研综合改革

综合改革必须以系统、整体的视角，高度关注各项改革的协同性，从全局和整体上谋划和推进。各高校党委高度重视综合改革，充分认识到自身在改革中总揽全局、协调各方的领导核心作用，成立了以书记、校长任组长的综合改革领导小组，出台了学校综合改革方案，统筹协调全校职能部门、学院推进综合改革。学校在改革方案制订过程中充分发挥学院、全校教职员工的作用，既加强顶层设计，又重视民主参与，从更高层次上谋划、统筹协调和督促落实各项学科发展与科研改革举措，保证各项改革措施的整体协调推进，避免了改革的碎片化。

在地方院校中，上海交通大学党委自觉把深化改革任务作为政治任务担在肩上，主动上报综合改革方案，成为继清华、北大之后第一家获批实施综合改革的学校。学校始终坚持社会主义办学方向，建立健全党委常委会学习传达，院校两级中心组集中学习，党务会专题研究、全校干部大会部署、基层组织具体落实的传达学习机制，在改革推进实施过程中，学校党委注重平衡好改革、发展与稳定的关系，努力把改革的先行优势转化为发展优势。

中国地质大学（武汉）把加强党的领导作为综合改革的根本政治保障，坚持社会主义办学方向，尤其是在新闻宣传、学者论坛、科研项目、国际交流合作等领域，严把意识形态工作领导权；坚持和完善党委领导下的校长负责制，加强顶层设计，做到任务目标、责任主体、时间节点、督办落实、经验总结系统推进，避免综合改革"跑的路多，进的球少"；推进全面从严治党，切实落实党组织的

主体责任和监督责任，强化一岗双责，确保各项综合改革任务落地；强化重点改革事项的督查督办，以钉钉子精神，一竿子贯彻到底，让师生满意。

二、坚持问题导向，实行重点突破与统筹兼顾

综合改革是一场全面的改革，改革的每个环节都是紧紧相扣和相互影响的，而改革的过程是一个整体协同的过程，必须坚持问题导向，既要重点突破，又要统筹兼顾。学校综合改革要解决学校当前体制机制方面存在的问题和群众关心的问题，就必须坚持问题导向，注重破解瓶颈、优化布局、突出重点、化解难点。

四川大学坚持问题导向深化综合改革，根据国家发展战略，世界高等教育发展趋势，结合学校实际，认真研究学校进一步深化学科与科研综合改革的思路、重点和步骤，细化学校改革方案，准确把握面临的形势，把在学科发展和科研改革中存在的问题分析透彻，真正聚焦瓶颈制约，采取更加有力的改革举措着力转变发展方式、优化资源配置、强化组织协同、破除体制机制障碍，充分激发学科发展和科研创新的内生动力和创造活力。

中国地质大学（武汉）将追求学术卓越作为推动综合改革的目标追求。紧抓"双一流"建设战略机遇，坚持"中国特色、世界一流"原则，既扎根中国大地办教育，又坚持世界一流标准，加快建设地球科学领域的世界一流大学；深入实施"学术卓越计划"，把追求学术卓越作为推动综合改革的内生动力，把教师评价考核机制改革作为综合改革的核心抓手；坚持内涵发展，始终保持行业特色与优势，不断增强核心竞争力。

三、着力制度创新，建立健全学科建设与科研改革体制机制

各高校在综合改革中，着力于加强顶层设计，创新、健全学校制度体系，以制度建设为抓手，既保证改革"自上而下"有序推进，又保证各单位"自下而上"的改革积极性。各学校结合实际校情，打破原有机制的局限，建立健全新的工作机制，努力适应国家新形势下的发展。

中国海洋大学为促进海洋科学内部各学科、海洋科学与技术的深度交叉融合，破解汇聚人才和激发活力的难题，选择条件相对成熟的物理海洋教育部重点实验室、海洋化学理论与工程技术教育部重点实验室为改革试点，从发展定位、资源配置方式、考核评价体系、重大事项决策与监督机制等方面，系统推进重点

实验室管理体制和运行机制改革。经过改革，重点实验室和主要依托学院的关系不断理顺，"各有侧重、相辅相成、协同合作"的良性互动发展机制日渐成熟，改革成效日益凸显。

华中师范大学不断推进科研管理体制改革，树立"大科研"观，加强部门协同管理，深化"统一领导、协同合作、分级管理、责任到人"的科研管理机制。不断推进科研评价体制改革，学校制定了《华中师范大学成果奖励实施办法》《华中师范大学教师岗位聘用办法》和《华中师范大学关于学术不端行为的处理办法（试行）》。通过这项改革，初步构建了现代大学科研制度体系，进一步营造良好科研政策环境。

第四节　困难分析

一、学科建设改革程度不深

近年来一些学校加快学科结构调整，启动战略先导专项，着力对接国家重大需求。但部分学校学科"小富即安"，不善于在面向重大需求协同攻关方面主动作为、更大作为，甚至在部分传统的特色优势学科领域，产学研合作也没有得到应有巩固和发展，其主要原因有以下几点：

第一，学科发展不平衡。主要体现为相关支撑学科、基础学科实力还不够强，交叉学科发展缓慢，交叉的深度和广度还不足，新兴交叉学科尚没有形成明显优势，学科相互交叉与支撑不足，新的学科生长点较少。

第二，学科团队总量不足。具有国际影响力的高层次人才团队总量不足，具有发展潜力的优秀青年教师成长周期较长，学科声誉还不够高，新方向、新的学术带头人严重缺乏。

第三，对接国家重大战略意识不强。学科交叉融合的目的主要是攻克单一学科不能解决的问题，然而一些学校对接国家重大战略意识不强，科研人员协同创新意识缺乏，不能积极主动地对接国家、地方和行业企业重大需求开展协同创新。

第四，学科交叉平台搭建能力较弱。主要表现为学校对学科平台的投入不足，学科平台的基础设施和硬件设施没有得到改善；学科方向不凝练，不能整合学科资源形成合力。

第五，学科交叉研究机制尚未形成。新兴学科、应用学科亟待发展，学科与科研平台、院系的协同发展机制还须进一步理顺，学科建设组织模式不灵活。

二、科研创新能力不强

相比世界发达国家而言，我国科研总体水平仍处于落后状态，虽然国家和社会各界正在逐渐加大对科学研究的投入，科研机构和科研人才的数量有所上升，但成果质量还不高，自主创新能力还不强，先导性战略高技术领域科技力量还很薄弱，原始创新能力欠缺，国际学术话语权还未能掌握，其原因主要在于以下几个方面：

第一，创新文化氛围缺失。科研创新能力不强，不仅由于社会外部环境不佳，而且科研人员从事原创研究的内在动力也不足。在一味求稳、求全、求成功的传统社会理念下，人们往往对"新、奇、特"的思想和事物持怀疑和否定态度，结果导致创新精神和冒险精神缺失。不少科研人员热衷于追求研究"热点"，久而久之就容易成为他人研究和研究方向的追随者、复制者，失去了创造和创立前沿科研方向、引领发展潮流的能力。

第二，行政干预过多。有些高校的改革创新热情很高，但在具体操作层面却感到迷惘，这是因为创新并不是发自科研人员自身，而是按照上级部门的行政部署来搞创新，这就使得创造力严重被束缚、被干预、被破坏，到底"创新什么"、"怎么创新"，缺乏具体的科学创新理论的指导。

第三，科研评价体系的扭曲。一些重大原始创新的科学研究，要么着重于基础理论性研究，要么专注于社会实用领域研究，而这些研究需要学者有"甘坐冷板凳"和"十年磨一剑"的深刻觉悟。但现实的科研评价体系与学者的职称晋升和工薪奖励直接挂钩，科研经费、项目、成果的压力逼迫学者不得不选择依葫芦画瓢，做一些没有原创性和突破性的课题，发表几篇无关痛痒的文章，以完成考核目标任务，保全自身利益，既浪费了国家财政资源，又浪费了学者的精力和时间，导致科研创新性、创造力缺乏的恶性循环。

第四，科研管理体制机制问题。有的科研人员为了获得项目，把大部分时间用于人际公关，无心学术研究，到处攀关系、找门路，即便是拿到了项目，成果质量也是粗糙不堪，这就涉及科研重数量、轻质量的问题，其结果容易滋生学术不端、科研腐败，科研创新能力无法体现。

重庆大学认识到在科研创新能力方面，还存在如下问题：原始创新能力不强，新兴交叉领域培育和发展机制成效不佳，科研组织模式单一老化；创新要素集聚能力不强，科技成果转化和产业化效果不显著，服务国家、区域战略发展的能力需要进一步提升。

三、评价体系不完善

目前中国高校的评价体系主要还是效仿世界一流大学，尚未形成具有自身特色的成熟评价体系和模式，自信心和自觉意识还不够强，在坚持中国特色的国家战略导向和经济社会发展的重大需求紧密结合方面还处在探索过程之中，行之有效的以同行评议、学术代表作为重点的科研评价制度有待进一步优化完善。其原因主要有以下三个方面：

第一，分类评价体系尚不成熟。分类评价体系包括五个方面的内容：一是对不同成果形式的科研成果进行分类评价；二是对不同建设类型的研究平台进行分类评价；三是对具有不同特点的学科建设进行分类评价；四是对不同教研任务类型的教师个体、团队进行分类评价；五是对科研活动过程中不同作业主体的评价。五种分类评价既各具特点，又紧密相连、相辅相成，构成完整的分类评价体系。当前的大学分类评价体系比较单一，还未实现真正意义上的分类评价。

第二，评价的价值取向偏差。科研评价的价值取向决定了科研发展方向，要实现内涵式发展就需要一步一个脚印、稳打稳扎地开展学科建设和科学研究。然而现行的科研评价的价值取向，仍存在急功近利的因素，不能有效激发科研人员的创新活力。

第三，评价指标体系不健全。评价体系的评价指标均有不同的分值来进行体现，需要遵循目的性、导向性、科学性和可操作性的原则。由于学科的不同特点和作业分工的区分，在评价指标体系中往往难以全面覆盖。例如在音、体、美学科的比赛、表演、展览获奖方面，如何与一般的论文著作等科研成果区别开来进行评价，在评价指标体系中如何体现其特殊性，如何进行认定和奖励，是目前高校评价亟待解决的问题。

中国石油大学（华东）就提出学校在学科和科研绩效评价、考核、激励制度还须进一步完善，同行评价专家库建设还不完善，激励科研人员进行科技成果转化的政策制度还须进一步落实。

华中农业大学认为引导改革的科学评价机制欠缺，舆论环境不够宽容。目前，我国高校发展需要的科学评价体系建立尚不完善，已有评价的科学性、客观性、公正性不强等问题突出存在，不科学的评价体系，而形成的不良社会文化环境和舆论氛围，使学校改革发展面临一定的社会压力，导致部分迫切需要推进的重要改革腰斩，或者变形以致偏离改革的初衷。

第五节　未来思路

科研要创新发展，根本靠深化改革。全面落实教育规划纲要，推动高校科研创新体系建设，需要全面深化高校科研领域综合改革，进一步解放和发展科研生产力，突出系统性、整体性、协同性，加强顶层设计，盘活科研存量，促进文理交叉，着眼超前布局，形成科学规范、运行高效的现代科研制度，推进科研体系和管理体系的现代化。

一、坚持改革正确方向

高校是知识创新的主阵地，在国家创新体系中发挥着不可替代的作用，要办好中国特色社会主义大学，就要始终坚持正确导向。在深化教育领域综合改革中，高校需要进一步凝聚共识，强化政治责任和政治纪律，牢牢把握教学科研领域意识形态工作的领导权、管理权、话语权，把安全稳定第一的责任积极主动担当起来。学校要进一步加强校内各部门的沟通协调，提高管理干部和广大教师的改革主动意识，协调好各部门协同改革的进程步调，形成为学校共谋发展的良好局面。

二、不断增强经费筹措能力

本着"以收定支、收支平衡"的原则，积极拓宽经费筹措渠道，构建多元化筹融资体系。积极争取教育投入，科学统筹经费使用。积极做好资金的运营管理，实现资金收益的最大化，保障学校事业发展资金的高效供给。探索基金会制度，引入世界级科研奖励的运作经验，更好地整合社会各方资源，根据发展需要，拓展与地方政府和国际组织的合作，接受社会其他法人、自然人的捐赠。

三、促进跨学科交叉研究

面向学术前沿，坚持问题导向，促进学科交融渗透，强化学科交叉创新，培育新兴学科，完善跨学科学术评价制度，明确成果的认定、归属及产权收益。创新科研方法和手段，倡导质性研究、量化研究和多学科研究相结合，积极搭建互联互通的信息共享平台，探索基于大数据的分析工具和研究手段创新。健全科研、学科、教学相互促进的协同机制，以学科建设为抓手，以科学研究为引领，推动学科建设、科学研究、人才培养一体化建设，将科研、教学要素有机融合在学科建设和规划中。

华中师范大学提出要加强学科交叉，建立大学科研究平台群，做大做强一部分优势科研基地，促进部分科研基地向应用型新型智库转型。实施"大科学研究中心建设计划"，依托该校行业特色和优势研究领域，建成本领域国家一流的科研高地，产出一流的科研成果，培养一流的国家人才。

西安电子科技大学提出，在学科建设机制方面，要围绕国家"互联网＋""一带一路""中国制造2025"等战略，立足新兴、前沿、交叉的基础研究方向，发挥学校电子信息特色与优势，推动学科的深度交叉融合。继续以学科为口径，开展重点项目建设，不断完善项目的运行机制和建设成效，进一步增强服务国家发展能力，提升学校、学科的影响力。

四、加强科研平台建设

建好"2011协同创新中心"、重点研究基地和重点实验室，构建特色鲜明、优势突出、结构合理、协调发展的科研平台体系。大力推进新兴交叉研究领域的科研平台建设，积极打造政产学研用一体化平台。强化实践育人，把科研平台建设成为综合性的育人基地，构建教学实验室、科学研究平台、校外实践基地相协同的科教实践创新体系。

中国海洋大学提出要着力增强科技创新引领能力。坚持开放合作，统筹国内国际创新发展要素，谋划科技创新发展布局。完善与海洋国家实验室耦合发展的机制，拓展与国际一流海洋科教机构协同创新领域，共同组织开展国家重大研究计划和国际重大合作计划，建设特色鲜明的国家智库，协同提升原始创新能力。按照"学科群、大交叉、大项目"的思路，组织开展学科交叉研究，在交叉融合中推动原始创新、催生重大科技成果。坚持基础研究、高新技术研发与应用开发协同互动发展，系统提升学校海洋科技创新综合优势和核心竞争力，引领国家海洋科技创新驱动发展。

五、健全高校智库管理和运行新机制

坚持以服务党和国家民主决策为宗旨，建立符合决策规律的评价机制，提供战略支撑深化社会服务机制改革，健全中国特色高校新型智库管理和运行机制，探索智库科研成果转化的需求对接、市场机制和共享机制，以人文社科重点研究基地和"2011 协同创新中心"建设为抓手，重点建设一批国家亟需、特色鲜明、制度创新、引领发展的高端智库，建立高校咨政研究核心人才库，建设一批专题数据库和实验室，办好《高校智库专刊》和智库论坛。

华中师范大学加快高校新型智库建设，制定《华中师范大学智库建设实施方案》，为智库建设作了顶层设计；实施"智库机构培育建设专项计划"、"智库专项研究计划"、"智库信息发布平台建设专项计划"。通过这项改革，中国农村研究院在教育部 2016 年基地测评中总分排名跃居全国第一，再获优秀。长江教育研究院和中国农村研究院 2016 年成功入选中国智库索引（CTTI）首批来源智库。2016 年，该校有 3 篇研究成果被国家社科基金项目《成果要报》和教育部《高校智库专刊》刊发。

中国海洋大学以机制体制创新为切入点，筹建海上丝路研究院，采取事业单位体制下的企业化运行方式，打造集海洋科技转移转化、海洋产业培育及转型升级、海洋教育合作推广和蓝色智库等功能于一体的开放式、综合性研发与服务机构，成为高校服务海洋强国战略及"一带一路"战略的试点与示范。推进海洋科教创新园区（黄岛校区）建设，探索校政、校企、校所、校际间协同创新发展模式，打造服务支撑经济社会发展战略需求的政产学研一体化示范区、体制机制创新试验区、国际合作办学综合试验区和军民融合创新示范区。

六、深化科研评价机制改革

推进科研项目、科研评价和奖励制度改革，建立健全政策指导到位、保障措施得力、责权关系明确、有利于激发科研活力的科研评价新机制。积极推进科研评价机制改革，完善以质量创新、实际贡献和人才培养为导向的科研评价标准，牢固树立质量第一的评价导向，探索建立以面向学科和作业方式的多元分类评价体系，发挥科研评价的导向和激励功能。

重庆大学先后制定和修订了 20 余条科研相关管理制度。引导科研人员注重创新质量和服务贡献，鼓励科技人员产出高水平的代表性成果；将横向科研与纵向科研等同认定；遵循人文社科特点和学科差异性，根据学校人文社科不同的发展阶段，按照"激励创新、质量引导、分类实施"原则，探索人文社科成果分类评价办法，修订完善有利于激发研究活力，促进人文社科繁荣发展的管理制度。

七、创新科研人才发展制度

健全重创新、重质量、重贡献的人才选拔和激励机制，统筹各类科研人才计划体系，提升高校可持续发展能力。实行教学、科研、管理等岗位分类管理，科研人员分层管理，探索与学科特点和科研人员学术水平相适应的人才队伍建设与管理机制。加强学术共同体建设，重视学术传统的传承与创新，通过实行"首席专家制"，积极构建"大师＋团队"、"导师＋学生"的科研组织方式，培育以学术为志趣的学术共同体。

西安交通大学提出要加强对创新团队建设的主动设计和主动规划。在保持科研自由探索和基础研究的同时，鼓励加强承担和攻克行业核心关键技术的重大工程大团队建设。继续加强鼓励和调动广大教师和科研人员的积极性和创造性，从科研项目、科研成果获奖、科研论文、科研基地建设、知识产权类成果以及成果转化等多个方面对广大教师和科研人员进行激励，形成激励科学研究持续发展的有效机制。

八、创新科研管理机制

完善以问题为导向的科研资助体系，完善立体式科研资助体系，设立面向国家急需的应急研究项目，加大高质量基础研究、中西部地区项目的支持力度。创新科研组织模式和研究方法，促进基础研究、应用研究和交叉研究协调发展，提升高校科研创新能力。坚持科学管理、民主管理和依法管理，推进科研项目、经费管理、科研评价和奖励制度改革，实现科研资源合理配置和高效利用，提升高校哲学社会科学科研管理能力。

西安电子科技大学提出该校支持科研创新的管理体制仍有待优化。该校科研项目重申请、轻产出，对项目的验收、鉴定、成果转化重视程度不足，尚未建立成群成系统的技术专利谱系。科研主动创新少，项目呈现零散性、个体性现象，系统性、体系性不足，学科、学院间协作项目少，难以形成重大标志性成果，科技影响力不足。专职科研队伍缺乏，科研能力和活力不足。产业治理体系有待完善，显示度和影响力有待提高，须进一步优化支持科研创新的管理体制，进一步加强前沿交叉研究和科技成果转化，进一步深化军民融合机制，提升服务地方经济的能力与水平。

九、完善成果转化及共享机制

充分发挥市场机制的关键作用，积极探索成果转化的市场运作方式，在高校和政府、社会之间搭建起桥梁和纽带，探索服务需求对接新模式，实现社会服务供给主体的多元化和供给方式的多样化，完善科研成果数据库，健全科研成果信息分类管理、开放、共享制度。

四川大学计划加强学校科技创新体系建设，全面实施创新驱动行动计划，引育"大人物"、组织"大团队"、搭建"大平台"、争取"大项目"、产出"大成果"，为实现创新型国家和科技强国战略目标做出贡献。建立以发现和解决科学问题的价值、聚焦和破解国家重大需求的难题为目标的科研评价体系，实行分类评价，保护创新、宽容失败，激发教师和科研人员的创新创造活力。深入实施科技成果转化行动计划，积极推进科技成果处置权、使用权和收益权"三权"改革试点，探索建立有利于加快科技成果转化的科学高效的服务体系，全面提升学校科技成果转化能力。

十、完善科研经费管理制度

落实中央50号文件精神，出台相关配套政策，以"放、管、服"为原则，完善间接费用和管理费用使用办法，加强科研经费监管和信用管理。优化科研投入结构，加快建立适应科研规律的经费管理机制，加大人力资本投入，赋予创新领军人物更大的人财物支配权，实行以增加知识价值为导向的分配政策。

西安电子科技大学提出要规范科研经费使用，加强科研项目过程管理，明确间接经费、结余经费的使用，提高科研人员绩效比例，加强科研经费预决算管理，强化科研项目合同管理，简化科研经费审批流程，给科研人员松绑，释放科研活力。

第五章 国际化办学体制机制改革

对外经济贸易大学、河海大学、华南理工大学等全国 75% 的重点高校都进行了国际化办学机制改革。以国家实施"一带一路"战略为重要契机，深入推进学校国际化办学，以国际化的视野谋划学校改革与发展，在学校内涵建设中推进国际化，汇集一批知名学者和学术大师，培养具有全球视野和竞争力的优秀人才，促进学校办学质量和办学水平的提升，提高学校的国际影响力。

第一节　具体改革措施

一、完善国际化办学体制机制

建立健全以学校为统筹，以学院为主体，以教师为核心，以国际化示范学院和项目为带动的体制机制，推进国际化办学。整合国际化办学资源，形成合力。

华南理工大学强化和落实学院主体地位，推动国际化办学重心下移，充分调动学院推进国际化发展的积极性。加大支持力度，完善考评机制，充分调动教师参与国际化工作的积极性。

二、深化国际化办学内涵建设

华南理工大学构建全球合作网络，推动学校与世界一流大学或学科开展实质性合作。围绕学校办学优势和学科特色，开展高水平、示范性中外合作办学。鼓励和支持学院依托自身优势和特色，推进国际化示范学院建设。推进人才培养国际化，探索与世界一流大学互授学位机制，实施本科生国际化培养行动计划，完善研究生国际化培养体系。推进国际科研合作，创新合作模式和运行机制，发挥高水平国际科研合作对学校科学研究、人才培养和学科建设的推动作用。加强国际化软环境建设，营造良好的国际化氛围。

三、继续推进两部共建

对外经济贸易大学深入推进教育部、商务部共建对外经济贸易大学各项内容的落实，继续在人才培养、学术研究、政策咨询、援外培训、干部交流等方面进一步深化与商务部各业务司局及相关单位的合作，拓展服务领域，提升服务水平。继续加强与中国人民银行、海关总署等其他行业主管部门及相关单位的联系和合作。充分发挥学科、人才优势，不断增强为国家相关行业决策服务的能力；以服务换支持，以贡献求发展，为学校事业发展争取更多资源。

四、积极推进校府合作、校地合作、校企合作

对外经济贸易大学大力推进与青岛市人民政府合作框架协议的落实，在政策理论研究等方面积极开展务实合作。支持深圳研究院办出特色，办出成效。大力加强与国有企业、跨国企业以及国内著名民营企业的战略合作。

五、优化国际化工程建设机制

对外经济贸易大学积极搭建国际教育平台，重点建设好中俄经济类大学联盟、筹组全球财经类大学联盟；开展 EQUIS、AACSB 国际认证，鼓励和支持学校一些优秀学位或非学位项目参与国际教育市场竞争。打造国际高端访问平台，精心组织、积极邀请外国政要、国际组织领导人和世界级学术大师来访、演讲，深化国际合作战略布局，加强区域国别研究机构建设，积极开展国际联合研究项目，建设具有国际水平的联合研究中心（基地）。

六、深入推进留学生教育

对外经济贸易大学推进《留学 UIBE 行动计划》的落实，推进树立"留学贸大"品牌，扩大留学生（特别是学历生）规模，进一步优化留学生结构。完善留学生招生机制，提高留学生培养质量，推动中外学生融合。

华南理工大学加大留学生奖学金投入，提高学历留学生和高层次留学生所占的比例，增加留学生来源国别的多样性。完善留学生人才培养目标和培养体系，加强全英课程、全英专业建设，提高留学生教育教学的质量。充分考虑留学生教学管理的特殊性，建立以国际教育学院统筹管理与各学院分散管理相结合的留学生协同管理机制，注重发挥学院和导师在留学生培养和管理中的作用。积极开展留学生与中国学生的交流活动，打造中外学生交流合作平台，促进留学生与中国学生的融合培养。

七、深入推进孔子学院建设

对外经济贸易大学制订《UIBE 孔子学院中长期发展规划》，结合专业优势，适度扩展孔子学院规模，力争再增加两所左右孔子学院，完成海外孔子学院布局建设。坚持数量增加与质量提升两手抓，办好现有 8 所海外孔子学院，创建贸大孔子学院品牌。

第二节　改革成效

一、发挥各方正能量，推进学校事业发展

2014 年以来，对外经济贸易大学承接商务部"国家援外培训项目"20 多期，为来自亚洲、非洲、欧洲等 50 余个国家培训了近 400 名官员，合作课题项目 30 余项。该校继续加强与中国人民银行、海关总署等其他行业主管部门及相关单位的联系和合作。

二、校地合作办学进一步深化

2017 年 3 月，教育部、广东省、广州市和华南理工大学四方正式签署共建华南理工大学广州国际校区协议，这标志着学校向成建制国际化人才培养迈进一大步。该国际校区将以全球化视野谋划和开展国际协同，引入一批国（境）外国际顶尖和一流大学，建成高层次人才培养、高水平科研创新、国际高端人才汇集、国际合作教育典范、创新创业和科技成果转化等六大高水平基地。

三、提升师资国际化水平

河海大学加强政策引导，在职称评审和考评、校内人才计划选拔等方面明确提出海外研修经历的要求，提高教师出国积极性。拓展出国进修渠道，统筹国家公派、国家和学校合作派遣、江苏省公派计划及学校公派计划，实施 MBA 教师出国专门项目。出台政策鼓励，加大经费支持，提高对入选国家、省公派项目教师的英语培训费报销比例，鼓励教师自费出国研修，明确享受公派留学人员同等待遇。加强考核管理，开展对留学人员的跟踪管理和回国考核，出国（境）之前明确研修任务与预期成果，出国（境）期间要求定期提交研修进展报告，回国（境）之后采取灵活且有选择性考核方式，确保研修取得实效。学校国际化排名明显提升。在"URI－2016 大学国际化水平排名"名列第 53 位。

四、开放教育教学体系

整合优质教育资源，构建开放办学体系，扩大国际学生规模；实施"海外访学计划"，拓展学生国际视野；提升国际化管理和服务水平，营造国际化校园氛围。

2016 年，河海大学出访团组 275 批次，365 人次；接待外国专家 622 人，新签协议 17 份；举办国际会议 16 次，获外专经费 675 万，以上各项指标均创该校历史新高。成功获批"111 计划"一项，启动一项 111 培育基地。成功申报"111 计划"学术大师辛格院士获"江苏友谊奖"。推进"一带一路"战略和"金砖国家网络大学"项目实施。成为"一带一路"高校联盟创始成员单位，与 6 个金砖和"一带一路"沿线国家 7 所大学签订合作协议。先后出台"'十三五'国际化发展专项规划"和"新时期教育对外开放规划"，标志该校国际化进入发展新阶段。与美代顿大学建立 3＋2 本硕连读项目，与美威斯康星大学和加不列颠哥伦比亚大学设立暑期访学项目。

五、扩大国际学生规模

河海大学在全校理、工、经、管、文等学科领域完成 34 个全英文留学研究生专业的建设，包括 170 门全英文课程。2014 年起，启动全英文精品课程建设计划，共建设了 28 门课程。2015 年起，实施留学本科生"1＋3"的大类培养模式，体现以人为本、因材施教和质量为上的育人理念。

第三节 经验归纳

一、以开放办学为特色，创新校地合作模式

开放办学是学校发展的必然选择。学校应抓住"一带一路"建设重要机遇期，依据自身办学特色和优势，主动解放思想，创造条件。

华南理工大学提出要按照"高起点、多伙伴、新模式"的思路，以创新国际化人才培养为工作重点，与世界一流大学进行积极对接和深度交流，注重合作院校的区域分布和学科优势，重点完善国际化发展机制，创新中外合作办学模式，拓展国际化人才培养项目，推动校地合作、国际合作产生实效，稳步发展。

二、加大人才引进力度

河海大学依托国家"千人计划"、江苏省"特聘教授"等平台，同时，充分运用校内"河海学者"讲座讲授平台，利用校内专家学者的推荐等方式，从国外引进一批在学科、行业领域享有较高国际声誉和威望的专家学者。

三、构建新时期学校国际化战略体系

河海大学注重国际化内涵发展，构建新时期学校国际化战略体系。加强督查督办，将国际化指标和任务纳入单位和教师年度工作计划及聘期考核体系，以调动其积极性。

四、深化特色培养模式

河海大学延续留学生特色培养模式，对留学生实施定制化培养；实施留学生综合素质拓展计划，作为南京牵头高校承办国家留学基金委"感知中国"留学生社会实践项目；对派出留学的学生加强服务，提供必要的资讯和信息，便于他们

更好地发展与就业，许多学生毕业后进入国外一流大学做博士后，或回国在名牌高校任教，或进入大型企业与科研院所工作，获得用人单位的好评。

第四节　困难分析

一、推动高层次科研合作

河海大学提出要进一步推动学校师资与国际知名学术机构、知名学者开展实质性的高层次科研合作。

二、二级学院的活力有待进一步释放

河海大学认为，二级学院的活力没有得到完全释放，与相关部门容易出现管理边界模糊的问题。包括招生、教学、培养、教育、管理、后勤、安保、住宿等各个方面，职责范围广，但又同时需要相关部门的支持，具备沟通的主动性，却还难以实现高效的沟通。

三、留学生管理工作需要进一步加强

河海大学提出，相比于中国学生日渐成熟的管理信息化系统，国际学生管理系统具有的特点包括但不限于：市场缺乏强大的系统模型，与教育主管部门的系统衔接还有很大差距；管理系统往往以管理为主要导向，忽略了国际学生的使用友好性，没有体现管理和服务的有机结合；国际学生信息变更较多，系统数据时常要进行更改，昨天的数据到今天可能就已经落后了。对于留学生的管理，无法套用中国的优良管理经验，有时缺乏强有力的约束。依法治校和严格管理是学校一贯的主张，但涉及留学生，尚需要更加完善的国家法律法规以及与之相匹配的学校管理制度体系。

第五节　未来思路

一、深入推进开放办学和国际化办学体制机制改革

对外经济贸易大学认为应该继续与国际一流研究机构、一流大学及跨国企业等开展国际科研合作，组织力量参与国际标准和规则的制定，筹建区域国别研究中心，牵头组织"一带一路"国际合作研究。做好海外商务汉语推广与对外合作交流工作，加强学生海外交流。加强来华留学品牌建设，优化留学生结构，提高全英文项目的比重。积极推进与"一带一路"沿线国家高校联合培养项目的开发工作，积极申报"一带一路"沿线国家来华留学生人才培养项目。深入推进《教育部、商务部共建对外经济贸易大学协议》落实，继续加强与中国人民银行、海关总署等其他行业主管部门及相关单位的联系和合作。按照《京津冀协同发展教育专项规划》要求，积极参与京津冀区域高等教育协同建设。继续做好青岛研究院、深圳研究院工作，推进青岛校区筹建工作。积极开展校企合作，实现产学研深度融合。

二、完善人才引进政策

河海大学提出要依托专家学者，以点带面，培养一批具有跨文化教育背景、较强国际交流能力、专业知识丰富的优秀青年教师，建设一批具有国际竞争力的教学团队。

三、进一步落实国家战略，实施"一带一路"教育行动

河海大学提出要主动对接行业企业走出去战略，办好"金砖国家网络大学"项目，始终以留学工作方针为指引，更加奋发有为，更加精准聚焦。学校出台了十三五规划，明确提出到2020年，来华留学生规模达到2000人，其中学历生不少于1000人，实现三校区留学生教育协调发展的格局。

四、加强管理信息化工作

河海大学提出要把信息化管理变为服务国际学生和管理队伍的重要抓手，保障工作安全高效开展。尽可能地在规模达到一定程度之前，试点趋同化管理，让留学生与中国学生的融合度更高，二级学院的统一管理发挥作用，提升全校各单位的国际化管理水平。促进我校来华留学事业又好又快地发展，培养更多杰出的知华亲华友华人才。

第六章 条件保障和资源配置

第一节 具体改革措施

一、转变体制机制，深化资源配置管理体制改革

（一）校院两级财务管理体制改革

为激发院系办学活力，积极发挥院系在争取资源和配置资源方面的积极性，部分高校开展了校院两级财务管理体制改革。下放了财务管理权力，变"集中管理"为"分级管理"，扩大院系财务、人事、资产等自主权，建立以院系为预算主体的二级预算管理体制；院系根据发展规划、办学目标和教学科研运行情况自主编制年度收支预算，在权力框架内自行制定财务管理办法，规范支出管理，确保财务二级管理体制改革稳步推进。例如，北京科技大学深化财务管理体制改革，完善财务治理结构。优化完善财务治理结构，按照统一领导、集中管理原则完善内部财务管理体制和运行机制，建立财经领导小组（委员会），全面落实财务管理领导责任。以内部控制为核心加强财务管理制度建设，全面整理、修订、补充和完善，完善经济分配政策。加强预算管理，成立预算管理委员会，探索建立中长期财务规划，实施三年滚动预算管理。成立会计核算中心，改革二级单位财会人员管理体制，将二级单位财会人员由财务处业务指导改为直接领导。

（二）预算分配体制改革

大部分学校都开展了以效率和公平为核心的预算分配体制改革，在具体措施

上呈现出多种形式。一是实行额度拨款。东北大学对各类教学经费及学生活动经费、机关部处行政业务费等实行定额拨款。清华大学对于学校可调配的预算资金实行额度拨款。西北工业大学在试点学院实施校院预算定额管理改革等。二是科学建立项目库。不断建立健全预算评审制度，结合国家和学校教育事业发展需求，对项目库进行科学排序。三是预算执行考核。如中南大学将二级单位预算执行情况纳入年度考核，作为调整支出结构和预算的重要依据。四是绩效预算管理。重庆大学以"科学预算—过程控制—绩效评价—问责问效"为主线，构建全面预算管理制度体系。

（三）科研经费管理体制改革

为进一步落实《关于进一步完善中央财政科研项目资金管理等政策的若干意见》（中办发〔2016〕50 号）文件精神，各中央高校都在持续推进科研经费管理体制改革。一是扩大学院和项目组对科研项目资金、差旅会议、科研仪器设备采购等方面的管理权限。二是扩大学院间接费用管理自主权，或将部分间接费用以绩效奖励形式返还给科研人员。三是探索建立科研财务助理制度，协助审核经费支出的合法性、合理性和规范性，协助编制科研经费预算，推动科研经费预算执行，协助做好经费管理监督工作，保障科研人员潜心开展科研工作。例如，北京大学优化科研资源配置，建立学校科研全成本核算制度。

北京大学推动完善高校科研经费保障机制。在科研经费中，提高学校间接费用比例。根据国发〔2014〕11 号文件精神，按照"负面清单"的管理模式，改革"重物轻人"的科研经费投入结构。下放科研经费调整权限，为高水平科技人才培养和合理流动提供政策支持和资金保障。

（四）核算手段改革

为提高工作效率、更好地服务高校师生，高校普遍推行网上预约报销模式。除此之外，部分高校还推出其他方便师生的报销模式。如华东师范大学推出快速通道报销、二级单位签约报销、上门报销、"邮筒式"报销等多种方式。南京农业大学则构建核算"一站式"服务平台，财务流程的精简与优化大大提高了财务处理效率。中南财经政法大学推行"一站式"报账、首办责任制、财务面对面、报账叫号实时查询、微信经费查询等多项财务服务措施，提高工作效率。

二、资产管理体制

（一）加强房屋资产成本补偿管理

较多高校根据用房性质采取"分类管理、定额配置、有偿使用、阶梯收费、缺额补偿、绩效奖励"等原则，运用行政规划和经济杠杆相结合的手段，体现高校房屋资源配置对促进教学、科研、社会服务、行政管理服务等工作的导向，提高房产使用效率和自律的动力。

公共服务用房定额配置。在学校机关、公共服务部门和学校产业建立定额配置公用房屋资源配置管理体制。根据部门性质和人员规模，定额配置行政办公用房和必要的公共服务辅助用房的定额配置，并结合行政体制改革，逐步形成多部门联署办公的公共服务大厅体系。公共服务房屋资源（教室、场馆、食堂、基层配套设施）根据实际情况进行配置，不得改变房屋资源使用性质。

院系超额用房有偿使用。以校院两级管理改革为契机，实施公用房屋两级管理体制，下移公用房管理重心。学校根据院系学科特点、人员规模和教师系列特点，对各院系行政办公、人才培养、基本科学研究及科研公共平台的房屋资源进行定额配置，对定额内房屋资源实行减免或平价收取房屋资源调节费，超定额房屋资源实行阶梯收费、缺定额实行经费补偿。

经营性用房如实核算。经营性用房的出租出借实行"统一管理、授权承办、承租付费、收益分配"的工作原则，引入市场经济杠杆，按照市场价进行租赁、收费。

积极支持科研用房。为重大科研项目的房屋资源需求，清华大学实施科研周转房管理模式，挖掘学校已有房屋资源，积极开拓租赁周边校外房屋资源，为重大科研项目提供支持。科研周转房使用期限应在重大科研项目合同期限内。

以上改革思路较为成型的有北京林业大学、东北大学、清华大学、西北工业大学、华东师范大学、厦门大学、西安电子科技大学、哈尔滨工程大学、北京理工大学、北京航空航天大学等高校，它们均已开启试点或在全校铺开实践。例如，北京林业大学按照"定额配置、有偿使用、自主管理、协议约束"的原则，建立以学校为主导、校院两级管理的公用房屋资源配置、管理、使用的管理模式。鼓励各单位所占资源进行有偿共享；建立引进人才用房补贴和收费制度；建立科研周转用房制度；建立公用房使用的退出机制；建立公用房使用效益评估机制，把各单位房屋资源使用情况与各单位年度预算安排挂钩，与教职工的福利挂钩，调动各单位和教职工的积极性，促进房屋资源的科学利用，引导房屋资源向教学、科研等中心任务和学校优先发展目标有序流动，促进学校事业的健康可持续发展。

（二）加强仪器设备开发共享管理

各中央高校都重视完善大型科学仪器设备开发共享机制，搭建仪器设备"专管共用、有偿使用"的资源化运作管理模式。制定和完善相关政策和制度，建立开放共享信息平台，推进公共服务平台建设，实行基金补贴资助大型仪器设备开放共享，坚持大型仪器设备的使用效益考核并将结果应用到大型仪器设备建设和管理过程中。

以上改革思路在中央高校中已基本成型，重庆大学、厦门大学、东北大学、同济大学、北京理工大学、中国海洋大学等高校的仪器设备共享管理取得了较好成效。例如，中国海洋大学健全完善大型仪器设备开放共享机制。建立大型仪器设备开放共享、成本分担、绩效考评机制。建设布局合理、功能完善、管理科学的开放共享平台。完善大型仪器开放共享管理模式，修订《中国海洋大学大型仪器设备管理办法》，实行校院两级管理和设备分类管理，提高学院对大型仪器的管理能力，打破部分仪器共享壁垒。完善有偿使用制度，调整收费标准和分配模式，疏通科研经费分担使用成本的渠道。建立大型仪器效益综合评价与考核体系，制定《大型仪器设备效益考核暂行规定》，以效益考核促进资源合理配置和开放共享，提高服务水平和支撑能力。

（三）招投标管理体制

绝大部分高校改革了招标采购管理机制。建立计划申报制、专家论证制、标前核准标后备案制、经费负责人责任制、代理机构动态准入准出制等制度规范，规范采购程序，建立第三方采购监管平台，从"统一组织，自我监督"向"搭建平台、实施监管"的管理模式转变，增强招标采购效益，切实提高廉政风险防控水平。例如，浙江大学招投标机制改革。根据国家发改委《工程建设项目招标范围和规模标准规定》的修订调整，对法定招标范围以外项目，以扩大主办部门确定交易方式的权力的原则适度调整学校建设工程招标分级管理制度，从而使招投标工作规范、廉洁、高效协调；建立信用管理体制，对中标单位的履约行为和服务进行信用评价，与"信用浙江"企业信用报告联动，纳入到招标评标的标准体系中，把投标人做过类似高校业绩及在该校做过的业绩可作为业绩加分项目；建立校方作为使用方对投标人施工单位的准入机制（黑名单机制）和评价得分机制；强化校内招投标决策与运行机制，在保证监督管理到位的情况下，适度给予招标人一定的选择权，建立入围选择机制和快速择优录用的机制；根据项目特点，进行分类管理。一方面建立统一模板、示范文本，规范招标流程，提高工作效率；另一方面，针对校园建筑特色项目探索新的招标机制，如建立资格预审招标机制、设计招标"分步走"招标机制等。

（四）校办企业管理体制

大部分高校积极构建"产权清晰、权责明确、事企分开、管理科学"的校办产业管理体制，全面落实校办企业监管制度。通过清理整顿校办企业，对主营业务不突出、经营不善、长期对学校没有回报的全资、控股、参股企业实行关停并转；聚焦成果转移转化，稳步推进科技成果转移转化平台建设，积极探索以技术转移分中心为载体的技术转移模式，主动迎接新形势下高校企业转型挑战。如中南大学关闭撤销了扭亏无望和对教学科研无促进作用的企业 22 家；退出技术入股股权企业 9 家。如中国中医药大学的"北京北中资产管理有限公司（北中资管）"以全资、控股、参股的方式投资了数十家企业，建立合作协作医院 15 家。还有中国农业大学改革校办企业运行机制，加快校办企业转型升级。改革校办企业经营管理方式，完善企业法人治理结构，理顺管理、服务和股权关系。进一步规范校办企业经营方式，完善校属企业运行和风险防控机制，确保学校国有资产保值增值。探索企业法人负责制、经营目标责任制和奖惩机制；结合学校学科优势和特点，提升校办企业对科研和教育教学的服务功能，促进学校科研成果产业化和资本化，培育具有该校特色的科技型产业，增强校办企业核心竞争力，促进校办企业可持续发展。

（五）后勤保障管理体制

各中央高校均着手理顺后勤保障管理体制，积极探索后勤社会化改革方向。高校稳步引入社会优质资源，强化竞争机制和退出机制，深化内部管理改革，提升后勤保障效能。逐步完善对外来企业的监督管理保障服务体系，提高服务质量，降低学校用工风险。加强对后勤保障的物资采购管理，形成有效的风控体系。

以节能监管平台建设为契机，稳步推进能源成本分担机制，推动建设节约型校园。建立专业化的能源监测平台，对水、电等能源消耗实行分担机制改革，严格控制能源成本。东北大学、北京航天航空大学等高校已开始试点改革工作。例如，东北大学改革完善后勤服务保障体系，坚持"保障优先、职责明确、集约有效、自主经营"的改革方向，理顺后勤管理处（甲方）与后勤服务中心（乙方）的关系，确立保障性后勤提供基本服务和经营性后勤持续自我发展之间相互协调的定位和格局，通过适当市场竞争，合理引进社会优质资源。厉行节约、杜绝浪费，降低后勤支出比重。

（六）内部控制建设

绝大部分高校都在积极探索以"风险点管理"为重心的精细化内控体系和风险防范模式。各高校推进内部控制建设，将其常态化、系统化，绝大部分学校是将内部控制建设作为"一把手"工程来抓。成立内部控制建设领导小组，加强组织领导和宣传动员。强化顶层设计，制订内部控制建设方案，明确内部控制建设的责任主体和责任边界，规定任务完成时间。坚持信息化落地，以信息化建设固化内控体系，实现管理制度化、制度流程化、流程信息化。例如，厦门大学完善内部控制制度，严格执行"三重一大"集体决策制度，完善群众参与、专家咨询和集体决策相结合的议事决策机制。健全重大决策公示和听证制度，重要改革方案、重大政策措施、重点工程项目在决策前都要公开征求意见，并以适当方式公布意见采纳情况。加大内部审计工作力度，加强审计制度建设，完善审计工作机制，健全审计整改责任制。加强和改进巡视工作，强化对学院运行的监管，确保学院权责一致、内部运转规范有序。

三、完善规章制度，深化资源配置管理制度改革

建立健全制度是深化资源配置管理制度改革的核心。大部分中央高校能够将内部控制建设与制度建设有机结合，通过建立健全系列规章制度，将好的做法、好的经验制度化，以制度化推动矛盾和问题的解决，以制度巩固改革的成效。

结合国家政策和学校实际，大多数高校已建立健全包括预算、科研经费、核算支出、收入、大额资金等在内的财务管理制度；建立健全房屋、设备等资产管理制度；建立健全招投标、校办企业、基金会等管理制度。

四、加强信息化建设，深化资源配置管理手段改革

大部分高校在推进后勤保障和资源配置的信息化建设，以信息技术手段推动后勤改革和资源配置改革。

高校注重加强统筹规划和顶层设计，将信息化建设列入学校事业发展规划。针对各业务系统建设质量良莠不齐、信息孤岛问题严重的现状，积极推进后勤保障和资源配置领域数据仓库建设和主数据平台建设。健全后勤保障和资源配置信息化标准规范体系，从整体上改善信息化发展环境。积极探索建立信息化人才队伍特别是专职技术人才队伍的建设和更新机制，建立信息化人才培训制度。建立信息化投入管理的长效机制，实现了教育信息化经费的"项目式"投资方式与维持性投资方式相结合。例如，大连理工大学健全学校信息化建设机制。全面推进智慧校园建设，加强学校信息化建设的规划、建设、管理、审批工作的统筹，构建科学高效的信息化建设运行模式。加快推进学校公共数据中心建设，加强信息系统建设及资源整合，推动部门间数据整合、业务融合和流程衔接，提升信息化手段辅助管理与决策水平。提升信息传播的国际化水平。提高网络与信息安全防范能力，确保信息安全。规范学校通讯基础设施和弱电网建设，避免重复建设和资源浪费。统筹学校不同介质文献资源管理，处理好纸介质与数字化文献资源建设的关系，进一步提升图书馆数字化、移动网络化的服务能力和文献使用率。加快数字档案馆建设，实现档案资源数字化、档案管理网络化、档案检索智能化。

第二节　改革成效

一、资源筹措能力逐步增强

十八大以来，高校积极拓展办学财源，科学统筹经费使用，着力加强公共服务体系建设，办学条件得到明显改善。依据法规和政策，高校积极争取和筹措资

金，拓宽筹资渠道，构建多元化筹融资体系。积极争取教育投入，形成了政府主导、社会参与、办学主体多元、办学形式多样、充满生机和活力的办学体制，保障办学经费持续稳定增长。

资源筹措能力增强中难能可贵的是争取地方政府支持和社会资源增加。如上海交通大学在积极争取政府更大支持的同时，进一步拓展渠道，主动面向社会筹措办学资源。2016 年对预决算管理、收支管理、财政专项管理、资产管理等 9 个模块的业务规范进行集中梳理，通过确定控制目标约 254 项，梳理现有制度与流程 189 项，对潜在 441 个风险点进行重点分析，进而建立了 46 个风险控制矩阵。建设形成《上海交通大学经济活动内部控制规范》，并出台《上海交通大学内部控制建设与实施办法》，2016 年 12 月经学校党委常委会审议通过。新建和修订制度 38 项，瞄准内控薄弱环节，强化制度保障流程优化，并进一步明晰了部门权限与职责分工，保证不相容岗位分离，实现由被动向主动转变的内控意识提高。

南京农业大学自十八大以来，本着"以收定支、收支平衡"的原则，积极拓展办学资源，科学统筹经费使用，着力加强公共服务体系建设，办学条件得到明显改善。依据法规和政策，学校积极争取和筹措资金，拓宽筹资渠道，构建多元化筹融资体系。积极争取教育投入，形成了政府主导、社会参与、办学主体多元、办学形式多样、充满生机和活力的办学体制，保障办学经费持续稳定增长。同时积极做好资金的运营管理，实现资金收益的最大化，保障学校事业发展资金的高效供给。2016 年，学校设立了"世界农业奖开放基金"，该基金由大北农集团董事长邵根伙博士倡导设立，并发起捐赠。开放基金的设立，引入了世界级科研奖励的运作经验，更好地整合了社会各方资源。基金会还准备优先吸纳 6~8 家农业领域不同行业的企业作为主体捐赠单位，根据企业规模、捐赠能力以及社会信誉等做出选择，同时，根据发展需要，拓展与地方政府和国际组织的合作，接受社会其他法人、自然人的捐赠。

二、资源使用绩效明显提升

高校通过实施资源配置方面的一系列改革，以大型仪器设备开放共享形成机制、后勤保障增收节支效果明显、信息化保障建设取得新突破、资产经营退出机制得以建立、教学运行保障效率提高等五个方面为代表的资源使用绩效明显提升。

第一，大型仪器设备开放共享形成机制。高校通过建立各类大型仪器设备开放共享平台，打破大型仪器设备"谁购买、谁使用、谁管理"的封闭状态，切实解决该校大型仪器设备重复购置，使用效益低下的问题，仪器设备的利用率得到显著提升。如中国海洋大学实现了国家级开放共享平台的建设运行，学校的"东方红2"船、"天使1"船和与企业共管的"海大号"船均已纳入国家实验室海洋科考船队，服务国家海洋观测网、深海空间站等大科学设施建设。河海大学于2016年完成大型仪器设备共享管理系统的招标与采购工作，已全校推行大型仪器设备开放共享。

第二，后勤保障增收节支效果明显。通过深化改革，高校后勤基本实现了提高效能、优化结构、理顺运行机制、创新服务亮点、惠及广大师生的目标。统筹校内经营资源，规范运输服务、超市服务，加强地下停车场、剧场、商服、住宅的经营性管理，提高资源利用率，上缴学校收益大幅提高。通过定额配置等精细化管理，有效控制了后勤成本的刚性增长。如西安电子科技大学自2014年以来，不仅通过内部精细化管理和减员增效等举措，有效控制了后勤投入的刚性增长，同时，节约能源成效明显，超额实现了3年改革期内能源净支出逐年下降4%的目标。东华大学通过开展节能减排和后勤设施扩容改造，使学校能源消耗下降，2016年荣获政府颁发的"节约型公共机构示范单位"称号。

第三，信息化保障建设取得新突破。中山大学建设了基于多校区管理信息系统的"大学服务中心"，使不同校区的广大教职员工和学生感受无差别的管理和服务，实现教职工和学生不出校区即可办理校内所有行政审批和服务事项，为师生提供集中、高效、统一的公共资源。同济大学通过数据仓、主数据平台、"同心仓"为核心的智慧校园建设，实现了"服务、支撑、驱动、引领"的信息化目的。

第四，资产经营退出机制得以建立。中南大学关闭撤销扭亏无望和对教学科研无促进作用的企业22家；退出技术入股股权企业9家，获股权投资收益7000多万元；已进入关停并转程序的企业10家。

第五，教学运行保障效率提高。北京师范大学成立公共资源服务中心，有效统筹公共资源的调配、使用和管理，积极探索学校公共资源管理和服务的新模式，推动资源整合，采取优化资源配置和统筹管理的方式，提高资源的使用效率，提升保障教学与人才培养的服务水平。不仅教学管理部门和学校各个部院系等教学单位从繁重、复杂的排课、选课、调课等事务性的日常教学运行工作中解脱出来，将重心放在如何开展教学改革、提高教学质量、改进教学方法上，而且主动与各开课单位的教学院长和教务员进行交流沟通，了解教学运行的实际困难并及时协商解决，增加教学运行工作透明度。

三、办学条件逐步改善，支撑体系不断加强

各高校在推进改革的过程中，后勤、基建、规划等部门采取了一系列手段积极打造现代化可持续发展的绿色校园，推进新校区建设，改善了学校的基本办学条件，美化了校园环境，保障了教学科研的正常运行，取得良好的效果。

如北京化工大学在 2011～2015 年完成基本建设投资 12.1 亿元，新增建筑面积 31390 平方米；资产总额由 23.3 亿元增加到 52.2 亿元，固定资产由 13.7 亿元增加到 19.3 亿元；拥有馆藏文献 168.82 万册。建成化学工程楼配楼和北京化工大学常州科技大厦，启动第二科研楼群建设。完成昌平区南口镇 1，964 亩新校区的选址、征地以及新校区整体建设规划和一期建设规划方案等工作，已取得北京市政府征地批复、建设用地规划许可证以及《建设用地划拨决定书》，已取得1551 亩国有建设用地《不动产权证书》。图书馆、教学楼等 10 个单体项目已陆续完工。学校数字化校园建设项目全面投入运行，校园核心骨干网完成万兆升级改造；建成昌平中试基地、大型精密仪器测试平台和高性能计算平台。

如东华大学，完成了学生公寓回购，彻底解决了原所有权和使用权分离的问题，更有利于学生的教育管理。通过制定《公用房使用管理办法》，房屋使用效益和管理水平显著提升，初步形成了统一调配、相对集中、预留发展、资源共享的格局。通过推进大型科研仪器设备共享，减少了重复购置，节约了科研资金，满足了师生需求。

四、经营意识增强，后勤服务水平提高

在改革中，很多高校着力打造后勤支撑保障体系，通过经营意识的培养与宣传、标准化、薪酬改革、建设服务监督平台等措施，使学校的后勤部门服务水平有较大提高。

如北京语言大学，除了做好餐饮、住宿、维修、供暖、绿化、保洁、交通、

商贸及幼儿保育等日常后勤服务保障工作外，还积极参加政府的评比，饮食中心完成北京市卫生局 A 级食堂的评比和创建工作，中国学生标准化公寓顺利通过北京市验收。学校以后勤数字服务大厅为基础，推出了服务监督平台、信件收发服务平台等系列数字平台，便利了师生生活，提高了后勤服务工作效率，获得了"全国高校后勤信息化建设工作优秀单位"。

如西安电子科技大学，强力推进后勤服务效能提升，通过更加规范的契约管理，逐步增强后勤服务水平提高的内生动力；后勤薪酬改革激活了内力，市场观念深入人心。目前该校后勤服务方式更加多样，服务响应更加及时，实现了保障服务和后勤育人的双重功能。

五、工作效率有较大提升，服务更加精准

部分高校非常重视信息化技术的重要作用，在条件保障和资源配置的改革中吸收互联网思维，广泛应用新技术、新系统，对学校各类工作的效率提升形成了重要推力。

如北京师范大学在公共资源的管理服务方面，运用互联网思维，实施开放服务，组建公共资源服务中心，依托信息化技术精准定位，建成了学校公共资源服务保障体系。第一，建设基于大数据的学校决策服务系统，解决了校务管理数据分散、无法共享、学校决策与管理工作缺乏数据支撑等问题，建成校务管理数据共享与服务平台；移动办公系统（OA）。第二，搭建基于校内数据实时更新的大型服务平台，实现"数字京师"信息门户、微信门户（企业号）、"掌上师大"移动门户"三位一体"信息精准服务。第三，推进基于财务网上综合服务平台的财经综合服务改革，大大简化了财经业务办理流程，常规报销一周内完成，周期大幅缩短，提升了财经服务效能。第四，基于校园卡系统的校园电子支付服务。第五，基于场馆预约系统的公共资源服务创新。建成了场馆管理与网上预约系统，实现场地查询、预约、缴费等在线服务，提升了场馆使用效率及服务质量，确保信息公开透明。第六，基于智能化图书馆系统的读者服务创新，建成了智能化图书馆系统，提供师生在线预约选座服务，实现了 24 小时自助图书借还服务，提升了服务的精准化及个性化水平。第七，建成了学生就业服务平台、上线"就业进展库"和"就业去向库"，提高了就业信息传递和服务效率，支撑了学生就业精准服务。第八，建设数字迎新和电子离校管理与服务平台，推出"PC 端＋专

版 APP＋二维码"组合，实现了"一分钟报到"、"精简离校"，大幅提升了学生入学离校事务办理的效率。第九，基于出境管理系统的教职工出国审批服务。建成了出国审批管理与服务系统，提供出国在线申报与审批，优化了审批流程，缩短了审批周期，统筹了申请与出访。第十，基于"智慧后勤"服务平台的后勤服务供给侧改革，建成了"智慧后勤"服务平台，为师生提供 24 小时线上报修、校园商贸、食堂拥挤度提醒等服务。第十一，提供基于仪器设备管理系统的科研资源共享服务，建成了基于云服务模式的 IDC 数据中心机房，可为全校提供云服务，实现了"统筹建设、集中管理、按需获取"的 IT 资源配置模式。

六、产学研创新转化平台建成，在服务经济社会发展的同时实现自身跨越式发展

部分高校注重市场导向，面向需求，主动作为，构建了利用高校的科学研究和人才培养的优势，构建了产学研创新转化平台，在服务经济社会发展的同时实现自身跨越式发展。如中国中医药大学，通过中医学与生命学科的交叉理念和现代科学技术方法，创建崭新的中医生命科学学科，建立生命科学学院，做强北京中医药研究院，将北京中医药研究院建成中医药重大成果输出和机制改革的试验田。同时建设了中医药产学研创新转化平台，理顺了产学研协同创新的体制机制，加强科技成果转化工作。该校的"北京北中资产管理有限公司（北中资管）"自 2012 年以来，以全资、控股、参股的方式投资了数十家企业，投资与管理的产业范围覆盖了中医医疗、中药产业、健康产业、医药教育等多个领域。2016 年，学校通过科技成果转化机制，成功实施了"精准抗肿瘤 I 类新药（LQC－Y）项目"专利向企业的转让，协议转让金额为 6480 万元，第一期转让经费 80 万元已到位。2017 年，该校科研项目作为无形资产作价入股，通过引入合作方深圳新元素公司，签署了合作协议，共同成立项目公司，注册资本金 2000 万元，进一步促成中医药慢病管理相关科技成果的转移转化。2016 年建立合作协作医院计 15 家，辐射深圳、河北、河南、湖北、湖南等省份，承接北京市中医管理局京津冀协同发展工程首发项目，携手霸州市中医医院签订医联体及京廊中医协同特色重点专科合作协议，与天津市武清区中医院等多家域内医院结成"京津冀中医专科联盟"。

七、经济业务进一步合规、风险防范能力显著增强

很多高校在资源配置过程中，非常重视内部控制建设，通过内部控制使经济业务进一步合规，防范风险的能力进一步增强。如西安电子科技大学，以章程为统领的制度保障体系不断完善，加强了规章制度的梳理，开展了制度"废改立"工作，构建形成了章程、制度类别、制度子类、制度群组和具体制度5个层级的制度框架和制度体系，确定了制度建设清单。出台规章制度管理办法，进一步规范规章制度制定流程，强化制度执行情况的检查落实，为推进依法办学、依法治校奠定了良好基础。在经济业务方面，搭建了内部控制制度体系，通过流程梳理、风险评估、内控审计等措施有效防范了风险，进一步提升了管理效能，形成了积极的内控文化氛围。如华中师范大学，通过"建设专业队伍强服务、应用内部控制壮根基"，以财会服务基层化为目标，建设专业队伍，前移控制关口；以财务信息化为依托，加强痕迹管理，完善控制发挥作用的机制；重构了业务流程，使学校对基层单位内控推进机制实现了由外部治理向内生能动的转化。在支出这个"关键点"上确保了高度的合规性，有效防范了经济风险，实现了效率与内控的统一。

第三节　经验归纳

深化学校综合改革是一项涉及长远、牵动全局的重大任务，而条件保障和资源配置改革为其他改革的顺利推进提供了基础保障。各高校在改革的过程中，均能够始终坚持学校党委、行政的统一领导，牢牢把握学校改革与事业发展的总体方向，解放思想，实事求是，锐意创新。从具体个例来看，各高校的主要经验可归纳为两个方面：一方面是宏观政策层面的总结，另一方面是微观学校层面的总结。

大多数学校从宏观政策层面出发，总结改革方案实施过程当中取得的一些共性的经验。主要从党的领导、问题导向、制度支持和政策落实等方面总结归纳经验。如清华大学将此次改革经验主要归纳为：综合改革要坚持"中国特色"和"世界一流"相结合；综合改革要坚持顶层设计和先行先试相结合；综合改革要

坚持重点突破和统筹兼顾相结合；综合改革要坚持敢于碰硬与凝聚共识相结合；综合改革要坚持"破"和"立"相结合。

还有部分高校从学校的具体的改革措施出发，形成了具有学校特色的经验。如东华大学从党建、现代大学制度、人事制度、人才培养、学科发展与科研体制、资源配置体制机制改革等六个方面分别进行了总结归纳。第一，党组织的凝聚力和战斗力进一步增强，学校发展定位与路径更加清晰，内部治理结构更加合理。第二，战略引领，坚持特色，对接需求，发展内涵，拓展外延。第三，思想政治教育与意识形态引领各项工作得以扎实推进。第四，人才培养质量不断提升，教育质量保障体系建设成效初显。第五，研究生教学成果奖不断涌现。第六，学位点布局得到优化，生源结构与质量明显改善。第七，学生创业人数位居上海高校前列，创新创业能力不断提升，创业成果助推城市产业升级。第八，学校管理干部队伍的整体素质得以提升。第九，高端人才数量不断上升，师资博士后制度取得了良好成效。第十，学科平台建设取得新进展。十一，科研经费持续增长，科研产出势头良好。十二，参与国际交流的学生和教师数量不断增长。十三，办学条件进一步改善，资源使用效益不断提高。

第四节　困难分析

一、资源来源单一

公办高校的办学经费主要来源于政府财政拨款。政府是大学最为关键的资源来源，其他资源渠道有限。

二、政府政策单向性

政府对高校的投入（资源配置）除基本经费按照"人头费"进行核算外，大学发展的经费是以各种专项经费的名义下达，是以"任务"模式进行管理，强调完成目标，并按政府单方的"预设目标"进行资源的配置，其政策是一种单向政策，即只考虑政府的宏观效益目标，未充分考虑到高校的实际需求、高校发展的战略规划以及高校的特色、绩效成果及其影响效益因素等。

三、未充分满足高校的诉求

在资源配置中，忽视各主体的诉求与目标。政府希望通过资源的调配实现国家的宏观布局，实现政府的要求与目标，同时希望资源可以有效利用。但高校希望资源按需配置，在学术自由、高校自治的前提下，满足人才培养、科学研究及社会服务等功能。

第五节　未来思路

一、推进稳定增长机制，提升高校资源汲取能力

政府引导高校提升资源汲取能力，既包括资源的筹措能力也包括资源的整合能力和利用效率，保障办学经费的持续增长。转变高校资源从仅仅依靠政府支持转变成政府、社会、高校多元筹措资源的筹资体系。国家应建立办学经费投入稳定增长机制，将"211工程"、"985工程"等各类教育重大专项作为持续稳定增长的常态化投入，学校根据长远规划和发展需要自主编制预算，鼓励学校将办学质量、办学特色、办学成果作为竞争因素以争取更大的投入；同时将对学校的事业拨款，由以规模为主变成规模、质量、成效并重，促进学校的内涵式发展。

二、深化结果管理和"效果和影响"指标体系

基于政府、高校资源配置的过程、实施路径，理清资源投入、产出、结果之间的因果关系，明确各部分的关键点，从而在实践中调动各方采取不同的方法以达到预期的目标。构建将"多目标"转化为"指标效果"的指标体系，按照产出、效益、影响等目标进行分层，并确定相应的评价标准，从而解决高校资源配置中来的多向性、资源的多样性、目标的复杂性的评价的困难，构建政府、高校都能够接受的评价体系，为高校提供较大的自主权，发挥高校的主动性和积极性。

三、设立高等教育财政拨款的"中介"机构

在资金使用结构方面，改变过去强调规模、数量的模式，转变成以规模、质

量、绩效为依据的拨款，加强对教学、科研的经费投入。在资金使用效率方面，强调绩效管理和质量。

总之，资源配置是高校综合改革的关键，要通过构建政府与高校互动的资源配置模式，从根源上理顺政府与高校的关系，处理好政府"放权"与高校"自治"之间的关系。理顺高等教育行政管理垂（政府）与举办者（学校）之间的权利义务关系，从而真正地保障和维护大学的办学自主权与学术自治权利；同时调整学校内部各主体之间的关系，加强内部改革，激发创新活力。

第七章 文化与和谐校园建设改革

以社会主义核心价值观为统领，全面推进学校精神文化、物质文化、制度文化、行为文化建设。完善环境文化和形象标志文化建设，规范校园识别和导引系统。在现有基础上，打造系列特色文化景观。高度重视并大力推进校园网络文化建设，加大资金和人力支持，构建特色鲜明的校园文化。

第一节 具体改革措施

一、发挥文化引领重要作用

对外经济贸易大学制定《对外经济贸易大学文化建设中长期发展规划纲要》，成立学校文化建设工作领导小组和专项工作组，设立文化建设和研究专项资金，理顺文化建设筹划、实施、督办工作体制机制，加大文化建设软硬件投入，夯实文化建设工作队伍，创新文化建设理念和方式，强化优秀典型宣传，突出优良办学传统和独特办学理念，加强学校办学历史中名师大家资源的发掘和研究，创建学校名师学术文库、名师思想文库和师生文化作品库。

二、加强品牌文化宣传

深入推进精神文化建设，加强对学校无形资产使用和管理，提升文化价值。进一步讨论和凝练"贸大精神"，筹建"UIBE 中国对外开放博物馆"、文化艺术展览厅。充分发挥档案馆、校史馆、校歌和校报校刊的文化育人功能。着力培育文化精品项目，大力推进廉政文化建设，鼓励学院文化的差异化、特色化发展，打造学生宿舍文化、楼宇文化、道路文化、广场文化等，丰富校园文化内涵。筹建"贸大新闻中心"和视频工作室、媒介素养培训基地。积极创办官方微博、官方微信等新媒体公共信息平台。完善学校新闻信息发布和新闻发言人制度，及时全面准确地反映学校改革发展成就。

三、提升民生事业服务水平

对外经济贸易大学加大为师生"办实事"工程的力度，进一步完善主动收集、决策执行、协调解决和结果反馈的制度机制，坚持每年至少为师生办"十件实事"。搭建健康咨询、学术沙龙、文化讲座、文体活动、体育竞赛等平台，全面实施师生"健康计划"。加大对特殊困难教职工帮扶力度。完善尊老助老机制。成立老年大学。

第二节 改革成效

一、形成浓厚的文化氛围

大学象征着文化，高等学府即文化机构。现代大学的本质是在积淀和创造深厚文化底蕴的基础上的传承、研究、融合和创新。传承文化是现代大学的基本功能，创新文化是现代大学的崇高使命，研究文化是现代大学全部活动的基础，因此在牢牢把握先进文化前进方向，建设先进文化，塑造全民族深厚、广阔、灵慧的精神空间方面，高校责无旁贷。办大学就是要创造良好的文化氛围。学校全部的工作就是要营造高品位的文化氛围，让学生在这个氛围中去思考、理解、感悟，净化灵魂，升华人格，完善自己。大学文化是引导人、激励人、鼓舞人的一种内在动力，是凝聚人心、鼓舞斗志、催人奋进的一面旗帜。它将对学生的道德人格、伦理规范、思维方式等产生深刻影响。

中国对外经济贸易大学以"红色文化"铸魂，以"传统文化"固本，以特色文化砥志。出台《关于培育践行社会主义核心价值观的实施意见》，建设社会主义核心价值观专题网站，组建社会主义核心价值观师生宣讲团，开展全校范围内的社会主义核心价值观大研讨。借助国家重大活动或重要历史纪念活动契机，解读"钓鱼岛争端"、"萨德系统"等突发重大事件,组织"我的中国梦"、"纪念抗战胜利 30 周年"、"纪念建党 95 周年"等一系列爱国主义活动,增强师生的爱国情感,浓厚校园文化氛围。

二、开展丰富多彩的校园文化

在当前人们价值选择更加自由、更加多样化的大背景下,高校只有主动占领校园活动这一育人的主阵地,精心设计和组织内容丰富、形式新颖、健康向上、吸引力强的校园文化活动,把科学的世界观、人生观、价值观和爱国主义精神渗透到活动中,才能有效凝聚师生,净化校园环境,培育社会主义核心价值观。

北京化工大学开辟"北化纪实",弘扬北化精神,推进学校文化建设。其进一步健全"大德育、大教育"体系,学生思想政治工作成绩显著。开展"启迪工程"、"双百工程"、"升华工程"、"引领工程"、"领航工程"、"旗帜工程",构建学生党员全程化培养机制;创建"胜古朝阳"学生网络社区,建立三级网络舆情研判、预警和应急反应机制,创新网络思想政治工作模式;以创新创业教育为着力点,丰富完善"课程、基地、竞赛"三大平台建设,形成第一课堂与第二课堂融合的大德育工作格局。

三、推动校园网络文化建设

中共中央、国务院《关于进一步加强和改进大学生思想政治教育的意见》明确指出:"要大力加强校园文化建设,并以此作为加强大学生思想政治教育的有效途径。"校园文化是大学精神的体现,以不同的方式影响和塑造着高校学生。互联网的发展冲击着高校校园,影响了高校校园文化的建设和发展。网络环境的出现要求高等学校必须在继承校园文化优良传统的基础上,适应网络时代的发展,研究校园文化的新情况、新特点,全力建构网络环境下的和谐校园文化。

西安电子科技大学相继开通学校"两学一做"等专题教育网站,进行主页及新闻网界面、栏目改版,增强网站服务功能;鼓励、支持和引导二级单位和师生,特别是学术专家、辅导员、班主任和有影响力的学生自发建网立号,如"老夏说课""时宇碎碎念"等,让更多的人融入网络文化建设工作中;打造了一系列师生喜闻乐见、丰富多彩的网络文化产品,营造风清气正的网络环境空间,为学校发展提供强大精神动力和舆论支持。成功申报教育部大学生网络文化工作室和第二批网络文化建设试点单位；增加官方微博微信的人员和资金投入，推动传统媒体和新兴媒体融合发展。

第三节 经验归纳

一、解放思想、转变观念是关键

深化改革首先要解放思想、转变观念。根据中央全面深化改革若干重大问题的决定，教育改革的目标是提高质量、促进公平、增强活力。核心目标是办人民满意的大学。学校通过党委理论中心组学习、领导干部专题培训集中学习等多种学习方式来领会党的十八届三中全会《中共中央关于全面深化改革若干重大问题的决定》精神和习近平总书记五四在北大师生座谈会上讲话等一系列讲话精神，把思想认识和工作举措统一到中央关于深化教育改革的目标和任务上。结合现代大学章程制定、群众路线教育实践活动整改落实工作，从制约办学的体制机制分析问题研讨改革思路。只有思想解放了，观念转变了，每一位教职员工，特别是领导干部才能在思想上真正理解深化改革对于我国、学校自身的重大意义，明确学校的重大使命，才能将行动转移到深化改革的大局中来。

二、立足办学特色、强调体制机制建设是保障

各大高校《全面深化教育体制机制改革若干问题的实施意见》是在全面认真总结学校多年办学经验，结合市场发展变化，在人才分类培养模式、学科专业课程体系及教师队伍建设、人力资源管理体制等优化结构，创新体制机制，突出国际化办学特色等基础上而制订的改革方案，既有良好的推进改革的基础，又突出和强化了学校办学特色；既关注了改革的系统性、整体性、协同性，又确保改革的各项举措之间关系的关联性、耦合性。通过构建统筹协调机制、检查监督机制、管理机制和信息服务机制等完备的体制机制，确保了改革的效果。

三、坚持从群众中来到群众中去、依靠师生的共同智慧是根本

实施改革，要以人民群众的利益为中心，充分尊重群众意愿，相信群众的智慧。学校全面启动深化综合改革工作，尊重和发扬师生办学的主体作用和主人翁

精神，在广泛调研、充分征求意见和科学论证的基础上，及时回应师生对改革任务的关切，坚定改革信心，凝聚改革共识，形成改革合力。推进改革中尊重广大师生的首创精神，坚持改革思路从师生中来、改革过程让师生出力、改革成果让师生共享，充分激发师生的创造力和创新力，集中民智、汇聚民力，从而充分依靠师生的智慧和力量把改革事业推向前进。

第四节 困难分析

一、坚持以人为本，确立学生第一、职工第一的和谐治校理念

科学发展观的核心是以人为本，教师是学校的主导，学生是学校的主体。要大力推进"人才强校"战略，着力建设高层次人才队伍，加快提升人才队伍的整体素质和水平，大力加强师德建设，努力形成一支"学为人师，行为世范"的高素质教师队伍，依靠改革调动教师的积极性，努力营造有利于人才辈出、人尽其才的用人环境。坚持育人为本，德育为先，培养德智体美全面发展的社会主义建设者和接班人。以人为本，还要做到理解人、尊重人、依靠人、提高人。理解人的前提了解、知晓，高校的各级管理者对所直接管理的对象要做到不但了解其工作能力和特点，更要了解其工作难处和学习生活的困难，在严格管理中兑现人文服务，实施情感管理。尊重人就是不但要尊重人的人格，更要尊重人的能力、个性和创造力，使其依托自己的才智成为创新型人才，使其始终充满蓬勃朝气、昂扬锐气和浩然正气。依靠人就是依靠广大师生办好高校，使其主人翁地位得到真正发挥。提高人就是不断提高广大师生的素质，提高他们的生活条件和学习工作环境，使他们真正享受到高校发展的成果。

二、坚持依法依规治校，确保和谐校园创建健康有序

依法治校是校园建设的根本要求，只有依法治校才能保证正常的教学秩序、学习秩序和生活秩序。只有用法律法规做保障，才能维护广大师生的合法权益和校园和谐的持久性。依法治校，要求高校必须按照法律法规规定办学，认真贯彻落实《教育法》、《高等教育法》和其他规定条例。无论高校怎么改革，如何发

展，都要在法律框架之内活动，一味地强调教育的特殊性和高校办学的独立性、自主性，一味地强调市场性、经营性，甚至进行企业性操作，在理论上是不成立的，在实践中是行不通的，其结果只能是带来不和谐，甚至是与社会的不和谐，导致不稳定。同时，高校还要依据法律法规建立和完善自己行之有效的各项规章制度，做到认真落实，使学校的综合管理、教育教学、服务环境等和其他一切活动有制度做保障，这样高校大处有法律做保护，小处有制度去约束，校园的和谐局面才能健康有序。

三、科学管理、民主决策，调动构建和谐校园的动力源泉

科学管理就是要遵循科学发展观，探索与中国特色社会主义要求相适应的现代高校办学规律，坚持把提高教育质量放在首位，科学制定持续和谐的发展战略，避免贪大图全、好高骛远和不切合实际的极"左"路线带来的严重损害。把握新世纪新阶段广大师生的特点，采取科学有效的教育手段和方法，培养大批有理想、有道德、有文化、有纪律的社会主义新人。大力加强民主管理与决策，紧紧依靠广大师生办出人民满意的大学。高校师生具有观念新颖、思想活跃、富于创新的特点，又具有较强的自我意识和民主意识。大学校园追求民主的气氛一直很浓，这种浓厚的民主氛围对和谐校园的作用具有双重性，引导得好会成为积极因素，有利于和谐校园建设。否则会变为消极力量。作为高校要正确引导，积极利用充分发挥教职工和学生在学校管理中的主人翁作用。加大校务公开力度，对校内重大决策，包括基建项目、设备采购、招生、财务执行情况等重大事项，有必要进行外部咨询、校内专家咨询，同时重视和吸纳广大师生的民意，充分发扬民主，并接受有关方面的监督。如果学校管理者听不进不同意见，唯我独尊，一意孤行，即会失去合作共事者，得不到群众的信任甚至形成对立面和抵触情绪，也会因决策失误给学校造成重大损失。在民主管理中，要重视教师的力量，教代会、校务公开、学术委员会等都是民主管理的重要渠道，要保证其畅通无阻，并健全机制使其真正发挥作用。大学生在高校民主管理中起着不可替代的作用，要充分发挥共青团、学生会、社团等其他群众性组织的桥梁和纽带作用，尤其是关系到学生权益的决策和事情，要听取并采纳合理的建议，使其在学校参政议政的积极性得到保护和彰显。

四、建立协调的人际关系，夯实构建和谐校园的坚实基础

构建和谐校园，要协调处理好各方面的利益关系，形成健康和睦的人际关系。当前，高校普遍实行干部人事制度改革，教师职务聘任制、教学科研成果评定制对促进学校发展起到了积极作用，公平是协调好各方利益关系的关键，做到起点公平、机遇公平、结果公平。协调各方利益关系的措施是建立一套行之有效的利益保障机制、诉求表达机制、矛盾调处机制、权益保障机制。协调各方利益关系的目标是理顺广大师生的思想情绪，形成全体师生各尽其能、各展所长、各得其所、专心学业而又和谐相处的局面。

在建设和谐的人际关系方面，还要处理好几个方面：和谐建设团结协调的领导班子，领导班子是学校的主心骨，是指挥部，是灵魂，是全体师生的表率，是院系领导班子的榜样，建设一支务实、廉洁、高效、团结的领导班子至关重要，"班长"要政治强、能力高、有思路、有办法、品行正，班子成员之间要相互尊重、相互信任、相互支持、团结一致。要建立和谐的师生关系，教师在建立良好的师生关系上，因其身份、职责、年龄、学识、阅历原因，处于主动地位，起着主导作用，所以，要积极主动地与学生沟通，以关爱友好的态度与学生相处，因渊博的学识、正确的方法、高尚的师德和人品积极影响学生，真正成为学生的良师益友。建立和睦协调的同学关系，学生之间朝夕相处、志同道合，既有建立深厚的同学友谊的有利条件，也有产生矛盾的多种因素，关键是正确引导和疏导。在诚实守信、相互帮助、相互学习、相互激励、相互尊重的基础上，建立一种亲如兄弟姐妹的人际关系。

第五节　未来思路

一、围绕中心服务大局，强化校园媒体的管理和引导

高校宣传思想工作必须准确把握学校中心工作的大局、大势和大事，紧扣时代主题，按照学校党委和行政的要求，坚持正确舆论导向，坚持以团结稳定鼓劲、正面宣传为主的方针，统一思想、凝聚人心、鼓舞士气、促进发展；必须深入研

究、准确把握新形势下师生员工的思想状况及其特点和接受信息的规律，把坚持正确导向与讲究宣传艺术统一起来，服务基层，服务师生，促进和谐。高校校报、广播（电视）台、网站、宣传橱窗、刊物等校内媒体要在配合构建和谐校园工作中营造良好的舆论氛围，既要加强对和谐校园的正面宣传，弘扬正气，切实做好典型宣传、热点引导工作，又要及时对校园内发生的不和谐现象进行舆论监督，抨击歪风邪气，形成优良的校风、教风和学风。高校的宣传思想工作要及时提供思想交流的自由平台，通过召开新闻发布会、吹风会，各类媒体的信息发布等形式，及时把准确、权威的信息告诉师生，正确引导舆论走向，牢牢把握校园舆论引导的主动权和主导权，理顺情绪，化解矛盾，增进师生对组织的信任、人与人之间的信任，为和谐校园建设提供精神动力和舆论支持。

二、加大对外宣传力度，树立学校良好的社会形象

高校是社会的一部分，和谐校园建设离不开良好的校园舆论氛围，更离不开良好的社会舆论环境。当今社会，树立学校良好社会形象、营造良好的社会舆论环境都必须借助于现代媒体力量。高校宣传部门应高度重视对外宣传工作，与媒体建立良性互动，提高对外宣传的针对性和实效性。

一是与社会大众传媒建立良好的协作关系。学校新闻宣传部门要同社会媒体建立良好的工作和人际关系，加强联系，增加了解，密切合作。大力宣传学校改革和发展的举措和成就，宣传学校的优质教育资源，宣传学校教学、科研、人才培养等方面涌现出来的先进集体和好人好事，宣传学校的名生优生、专家学者、名家大师。

二是精心策划主题系列宣传。要深入研究和准确把握社会媒体的宣传规律，围绕国家和社会关注的热点问题，结合学校改革发展过程中的特色和优势，根据人们思想活动的特点和接受信息的规律，精心策划主题，认真疏理材料，组织系列专题，加大对外宣传的力度，提高对外宣传的影响力和实效性，通过对外宣传扩大影响，凝聚人心，展示风采，树立学校良好的社会形象。

三是牢牢把握危机事件处理的主动权。媒体在重大危机有关人员与社会大众之间的沟通上起着至关重要的桥梁作用。高校必须建立新闻发言人制度，健全突发事件处理预案，遇到突发事件及师生、社会关注的重大热点问题，宣传思想工作应充分利用各种媒体资源，在第一时间迅速作出反应，掌握主动权和话语权，

以利于事件的正常处理和问题的妥善解决，维护校园的稳定与和谐。

四是要注重舆情研究。高校宣传部门要特别关注社会舆论的多元、多样、多变的复杂态势，建立和完善社会舆情汇集制度和分析机制。在整理分析的基础上，主动采取必要的引导措施，努力调动各类积极因素，不断化解各种消极因素，积极解疑释惑、理顺情绪、化解矛盾，为和谐校园建设创造良好的舆论环境。

第八章 社会服务体制机制改革

第一节 改革措施

一、服务创新驱动

实施创新驱动发展战略是当前我国推动经济社会转型升级和换挡调整的重大基础性战略之一，它涉及组成创新体系的资金、人才、机制、环境等诸多要素的统筹与协同。高校是现代社会文明进步的重要动力源，是建设人力资源强国和创新型国家的重要引擎，也是服务创新驱动发展战略的加速器和孵化器，理应在国家实施创新驱动发展战略中发挥不可替代的作用。高校服务创新驱动发展战略，应紧密结合推进综合改革、完善内部治理、提高教育质量等当前重大任务，突出思想理念创新和体制机制创新，切实彰显自身服务经济社会发展的主动性和正能量。

（一）建立面向创新主体的科研组织运行机制

高校深化综合改革，首要应着力拓宽现行的办学资源的获取渠道和配置方式，切实破解"重投入、轻产出""重申报、轻建设"等关键性问题。当前，高校科研工作逐渐以创新为导向，主动强化科研活动同经济对接、创新成果同产业对接、创新项目同现实生产力对接，提高服务创新主体的贡献度。各大重点高校建立了符合科技创新内在规律的科研组织架构以及投入保障、产出评价、收益分配等机制，做好与政府、企业等合作创办的各类政产学研用合作基地。同时，以此为牵引，深化内部学术治理和人事制度改革，更好地面向创新主体（企业）实施重大原理研究和关键技术研发，使高校真正成为国家创新体系的有机组成部分。

中央美术学院视觉艺术高精尖中心自成立起全面参与北京副中心建设，充分发挥文化、艺术、学术的资源优势，多学科参与北京城市副中心整体规划设计和具体项目实施，与通州共建"国家艺术创新研发基地"，为中央美院高端艺术人才培养和培育艺术创新研究国家实验室做好充足准备。并以副中心建设为契机建立"国际专家智库"，创新高精尖中心长效运行机制，更好地推进高精尖中心有效运转。

中国农业大学成立"国家农业农村发展研究院"，下设农业经济、农村社会、资源环境、农业机械化、可持续农业、食品安全等 11 个研究组，围绕"三农"问题中具有全局性和战略性的重大问题，为国家解决"三农"问题提供科学决策的参考及理论和技术的支持；整合现有校内专家学者库，组建科研工作专门委员会；统筹建设了若干个重大科研基础设施和公共平台；制订了《中国农业大学校外科研基地规划》。制订学校校外科研教学基地规划，抓住京津冀一体化发展机遇，加快推进涿州国家农业高新技术产业开发区工作。

（二）建立面向创业需求的人才培养调适机制

高校是国家高层次人才的培育基地，也是创新创业文化研究和传播的重要场所。高校应主动关注和吸收创新主体对相关领域人才培养的合理要求和意见建议，以此为导向加大教育教学改革力度，推动教育教学活动由"知识传授型"为主向"知识创新型"为主转变，培养具有"大工程观"的复合型高等工程人才。目前，各大高校加大了课堂教学环节与专业实验训练、课外生产实习等环节的无缝对接，建立与科研院所、高新技术企业等联合培养拔尖创新人才机制，逐渐把更多资源投到"人"身上，有效提升毕业生的科技创新意识和动手实践能力。此外，高校还加强对创新创业人才培养规律的探究，针对青年学生特点开展创新创业教育，更加有效地培育创新创业文化，积极营造有利于创新创业人才脱颖而出的舆论环境。

（三）建立面向科研人员的知识产权保护机制

以科学发现、技术发明等为代表的科技成果是实施创新驱动发展战略的必备要素。科技成果的产出、转化，不仅需要一定的前期投入，还需要相应的运行管理机制、反馈激励机制作为条件保障。当前，政府、高校、企业等应高度重视知识产权保护工作，用法治保障创新的权益。建立有利于促进自主创新、源头创新的知识产权保护机制，打通科学原理、技术专利与具体生产技术、工艺流程等现实生产力之间的瓶颈，不断提高科技成果转化力度。结合实际情况，高校应鼓励高校教师将科技成果通过整体转让、关键技术转让或持有股份入股创办科技型公司等途径面向市场、企业进行转化。同时，还应探索建立科技成果收益分配机制，直接吸引企业通过风险投资方式参与高校、科研院所的基础研发或关键技术研发，从而加快研发进程、提升研发效能。此外，还应完善知识产权交易中心、技术转移中心等机构的运行机制，激励更多的教授、学者面向产业重大需求潜心从事科学机理创新和关键技术创新，同时又能保护他们的知识产权等合法权益，实现双向共赢。

北京科技大学为了使科技成果转移转化顺利落地，确保政策红利充分释放及顺畅衔接，在相关配套政策和管理办法方面下足功夫，建立健全与科技成果转移转化全流程相关的配套政策和管理办法，出台了《北京科技大学技术转让收益管理实施细则》，修订了《北京科技大学科研经费管理办法》、《北京科技大学科研项目间接费用管理暂行办法》。系列办法明确科技成果转化收益分配比例，提高教师科技成果转化积极性；明确了科技成果使用、处置等管理制度，在科技成果（知识产权）使用处置方面建立了转让及许可制度、更加贴近市场的定价机制及程序以及更为灵活的专利管理与运用机制；明确了科技成果转移转化收入分配和激励方案。系列管理办法有效促进了科技成果使用权、处置权和收益分配权的落地。

北京林业大学逐步完善促进科研成果转化的制度体系，修订《科技成果知识产权管理办法》，制定《专利年费资助办法》，推动教师将科研成果进行转移转化。清华大学制定了《清华大学地方研究院管理规定（试行）》《清华大学科技成果处置和收益分配管理办法（试行）》等制度，不断完善知识产权与成果转化新体系，建立健全科技成果转移转化收入分配和激励制度，深度参与创新驱动发展战略实施，为促进区域发展和产业转型升级做贡献。

二、中国特色新型智库建设

智库是一座"没有学生的大学"，而大学则是一个"有学生的智库"，新型智库建设与高校发展关系密切。在新型智库建设浪潮中，无论是国家经济社会发展之客观需要，还是大学自身生存、发展之主观诉求，大学应该有所作为，也能够大有作为。高校拥有建设新型智库的独特优势。一是高校作为新知识和新观念的发源地，其创造性思想不仅对人类社会发展具有深远意义，对促进政府科学决策、谋划社会和谐发展也具有现实价值。二是高校与政府之间存在着天然的联系。一方面，政府是绝大多数高校的投资主体，高校必须紧密围绕国家发展需求，确定自身的发展重点和方向；另一方面，与官方智库相比，高校智库建设具有较强的独立意识和宽松的学术氛围，有利于党委政府形成更加科学的决策。三是高校拥有全国近 80％的社会科学力量、60％的"国家千人计划"人选者、50％的两院院士，以及规模庞大的研究生队伍，能提供充足的人才保障，创造出既有战略性、前瞻性，又有操作性、针对性的研究成果。因此，推进中国特色新型智库建设，高校的相关措施刻不容缓。

当今世界，智库已成为政府科学决策，推动社会发展的重要力量，成为国家软实力的重要组成部分。高校学科齐全、人才密集、实力雄厚，在智库建设上拥有天然优势。以问题为导向把握时代脉搏，是做好一切科研工作的前提和出发点；以问题为驱动，聚焦经济社会发展的重大热点、难点问题，做原创科研，是大学回应国家经济社会转型的时代需要。各个学校通过组建、培育，整合学校优势资源，搭建起服务国家的高端智库平台，并且积极落实中央《关于加强中国特色新型智库建设的意见》精神，大力推进智库建设，利用学校优势学科资源，组建一系列中国教育与社会发展研究院，获得国家高端智库认定，将在这一领域为国家政策制定做出重要贡献。

第一，以 2011 协同创新中心和人文社会科学重点研究基地建设为抓手，重点打造一批国家级智库。

按照"国家急需、世界一流、制度先进、贡献重大"的总体要求，认定和建设一批国家"2011 协同创新中心"。深化高校人文社会科学重点研究基地运行和管理体制改革，实行"有进有退、优胜劣汰"的动态管理和弹性经费制度，完善总体布局，推动重点研究基地从整体上向问题导向转型，提升社会服务能力。

中国人民大学按照"创新机制、分类发展、汇聚优势、形成品牌"的原则，形成四类智库相互促进体系，打造国家级智库品牌和智库成果发布品牌，重点打造跨学院多学科整合的研究机构，通过强化社会服务反哺优势学科发展，引入社会资源和创新机制，致力于学术成果转化和提升社会影响力。

第二，实施社科专题数据库和实验室建设计划，促进智库研究手段和方法创新。

围绕内政外交重大问题，重点建设一批社会调查、统计分析、案例集成等专题数据库，和以模拟仿真和实验计算研究为手段的社会科学实验室，为高校智库提供有力的数据和方法支撑。

清华大学成立了"智库中心"，为全校智库提供公共服务资源和社会联系、成果输出，提高智库研究水平和运行效率。中南财经政法大学在智库中心推行"矩阵制"和"项目制"科研组织形式，组建跨专业、跨学科、跨学院的研究团队，对中长期科研发展重点项目进行联合攻关，完善智库人员流动机制。东北大学建立若干面向矿业、冶金、材料、信息、制造等重点行业以及服务区域发展的特色"智库群"。

第三，以高校哲学社会科学"走出去"计划为依托，扩大高校智库国际学术话语权和影响力。

全国各大高校完善结构布局，创新组织形式，重点建设一批全球和区域问题研究基地。推动高校智库与国外一流智库建立实质性合作关系，建立海外中国学术中心，支持高端智库参与和设立国际学术组织、举办创办高端国际学术会议。河海大学积极推进自身特色新型智库建设，以重大项目和高水平哲学社会科学研究基地为导向，加强重大项目的组织策划和高端智库建设，推动跨学科研究，加大对重大项目、智库以及科研团队的资源和政策支持力度。

与学校"多科性大学"的发展目标定位相适应，东华大学以人文社科平台建设为着力点，打造人文社科团队创新模式。进一步加强"海派时尚设计与价值创造协同创新中心"、"中共中央编译局·东华大学国外马克思主义与中国问题研究中心"、"东华大学莎士比亚研究所"、"东华大学时尚文化与传播研究中心"等人文社科创新研究平台建设。主动与政府研究机构、社科院、科学院等组织的合作，打造具有咨政启民作用的中国特色高校新型智库。加强人文社科实验室和数据库建设，为智库建设提供方法支撑和条件保障。

第四，加强高等学校软科学研究基地建设。以综合性大学现有的高水平战略研究机构为基础，培育一批面向国家和国际重大科技战略问题的国家级智库。培育、鼓励行业特色院校组建行业、产业科技发展战略研究中心，形成全面覆盖的行业、产业发展战略与政策研究支撑网络。面向区域发展需要，在高校培育一批面向区域产业发展需要的特色政策咨询机构。

为推进智库建设，服务国家发展和"一带一路"建设，近年来，北京语言大学建设了中国语言政策与标准研究所、阿拉伯研究中心、"一带一路"研究中心，成立了两个校级协同创新中心，即孔子学院可持续发展协同创新中心和中国周边语言文化协同创新中心，学校作为协同单位加入了由浙江大学、北京大学、中国科学院地理科学与资源研究所联合牵头的"一带一路"合作与发展协同创新中心。

三、服务大学生就业

（一）建立招生、就业联动机制

2016 年中国地质大学制订《提高本科生源质量和就业质量行动计划》《研究生就业质量提升计划》，面向行业定期开展就业状况调查，确保学校在各省市区录取分数明显提高，学生就业率达到部属高校中等偏上水平。

中国石油大学 2012 年还建设了校内学生就业创业技能训练基地，该基地由学生自主经营、管理，包括咖啡厅、纪念品店、超市、鲜果水吧、自主经营区块，提供近 150 个就业创业实践岗位。全校 11% 的本科生在就业创业基地接受过训练。2014 年该基地获学校首个"北京市青年文明号"。在校外创新创业教育基地方面，学校依托商学院师资和大学科技园区，建设创业服务体系和创业孵化产业园。成立了创业商务指导中心，聘请各行业创业成功人士 20 余名担任学生创新创业校外导师，在大学科技园开辟了 120 平方米的空间作为创业项目孵化试点基地。2016 年公开招募了 15 支创业团队入驻孵化园。

（二）建立多元化、专业化的就业工作队伍

华中师范大学在就业改革方面做了如下工作：转变就业处职能定位，创新学生就业工作机制，构建"学校主管、学院主抓、部门协同、全员参与"的学生就业工作体系；推进就业指导教师队伍、就业课程体系和教学模块变革，增强促进学生就业的针对性和时效性；构建旨在激发学院活力的"学校统筹面＋学院自主开拓点"的就业市场建设新模式；运用互联网＋思维，结合学校信息化战略，研

究并开发了网上签约系统等，全面提升就业指导服务管理能力。

四、服务国家战略

新的历史时期，行业特色高校必须立足行业和产业发展，主动适应和服务国家战略需求，坚持走特色发展之路，坚持用特色和优势服务国家战略需求，在服务国家战略需求中发展特色和优势。要以学科建设为龙头，以人才培养为根本，以人才团队为关键，以创新平台为保障，以科技项目为纽带，以机制创新为动力，重点开展行业共性技术、关键技术、前瞻性技术研发，构建服务行业技术创新的完整链条和科技创新平台体系，提升行业自主创新能力与核心竞争力，服务国家目标，满足行业需求。

第一，主动服务国家战略，率先打造"多语种＋"卓越人才模式。

为适应中国参与全球治理的需要，上海外国语大学充分发挥自身优势和特色，大力推进"多语种＋"人才培养模式改革，推行完全学分制，打通院系壁垒和课程体系，推动卓越外语人才、多语种高端翻译人才、多语种国际新闻传播人才、无国界工商管理创新人才、应用经济学国际创新人才、涉外法律人才、国际组织人才的培养，培养精通两门以上外语，具有深厚的人文素养和广博的学科领域知识，具备国际视野和战略思维，能够诠释世界、贯通中外，在国际事务合作与竞争中善于把握机遇和争取主动的卓越人才，做到"会语言"、"通国家"、"精领域"。

第二，做大做强优质办学资源和内涵发展道路，形成了面向未来的发展战略格局。

浙江大学通过以下的措施服务国家战略需要：一是服务国家需要，在教育部、浙江省的大力支持下全面建设紫金港校区西区，努力将紫金港建成大气开放的现代化校园；二是服务国家海洋战略，在教育部、浙江省、舟山市的支持下建设海洋学院（舟山校区），已完成一期建设并于 2015 年 8 月实现海洋学院平稳搬迁；三是服务国家对外开放战略，在教育部、浙江省、海宁市支持下建设国际联合学院（海宁国际校区），浙大－爱丁堡大学联合学院、浙大－UIUC（伊利诺伊大学厄巴纳香槟分校）联合学院正式成立，第一批学生已于 2016 年 9 月入学；四是服务"中国制造 2025"，在教育部、浙江省、杭州市的支持下，建设工程师学院，与素有"世界工程师摇篮"之称的巴黎综合理工等 3 所法国著名高校开展联合培养，省人社厅授权学校开展工程师资格评审，2016 年 9 月已经正式开学；五是应杭州市委市政府、宁波市委市政府多年要求，加快促进城市学院和宁波理工学院转型发展；六是在浙江省的支持下，与衢州市签约建设高水平医联体，开展医药卫生体制改革试点工作，进一步降低医院诊疗费用，减轻患者负担，加快构建三医联动、可持续发展的医疗服务生态体系。实施这些重大战略举措，不仅为学校实现内涵发展奠定了良好基础，也极大地提升了学校服务国家和社会的能力水平，得到了中央、教育部和浙江省委省政府的高度重视和充分认可。

五、科技成果转化

（一）全面认识高校科技成果转移转化工作

科技成果转化是高校科技活动的重要内容，高校要引导科研工作和经济社会发展需求更加紧密地结合，为支撑经济发展转型升级提供源源不断的有效成果。高校要改革完善科技评价考核机制，促进科技成果转化。高校科技成果转移转化工作，既要注重以技术交易、作价入股等形式向企业转移转化科技成果，又要加大产学研结合的力度，支持科技人员面向企业开展技术开发、技术服务、技术咨询和技术培训，还要创新科研组织方式，组织科技人员面向国家需求和经济社会发展积极承担各类科研计划项目，积极参与国家、区域创新体系建设，为经济社会发展提供技术支撑和政策建议。高校作为人才培养的主阵地，更要引导、激励科研人员教书育人，注重知识扩散和转移，及时将科研成果转化为教育教学、学科专业发展资源，提高人才培养质量。

（二）简政放权鼓励科技成果转移转化

高校对其持有的科技成果，可以自主决定转让、许可或者作价投资，除涉及国家秘密、国家安全外，不需要审批或备案。高校有权依法以持有的科技成果作价入股确认股权和出资比例，通过发起人协议、投资协议或者公司章程等形式对科技成果的权属、作价、折股数量或出资比例等事项明确约定、明晰产权，并指定所属专业部门统一管理技术成果作价入股所形成的企业股份或出资比例。高校职务科技成果完成人和参加人在不变更职务科技成果权属的前提下，可以按照学校规定与学校签订协议，进行该项科技成果的转化，并享有相应权益。高校科技成果转移转化收益全部留归学校，纳入单位预算，不上缴国库；在对完成、转化科技成果做出重要贡献的人员给予奖励和报酬后，主要用于科学技术研究与成果转化等相关工作。

上海交通大学进一步简政放权，适度放宽科研项目资金、差旅会议、基本建设、科研仪器设备采购等方面的政策限制。修改完善《关于进一步加强因公出入境的管理规定》，为教师潜心研究、努力工作营造良好环境。落实学校"十三五"总体薪酬规划与目标，并推动建立有相对竞争力的各类人员薪酬体系的联动增长机制。切实研究解决普遍关注的研究生招生、实验室空间、子女入学等方面的突出问题。

（三）建立健全科技成果转移转化工作机制

高校加强对科技成果转移转化的管理、组织和协调，成立科技成果转移转化工作领导小组，建立科技成果转移转化重大事项领导班子集体决策制度；统筹成果管理、技术转移、资产经营管理、法律等事务，建立成果转移转化管理平台；明确科技成果转移转化管理机构和职能，落实科技成果报告、知识产权保护、资产经营管理等工作的责任主体，优化并公示科技成果转移转化工作流程。

清华大学先后成立技术转移研究院、校地合作办公室，加强成果与知识管理办公室职能，制定《清华大学地方研究院管理规定（试行）》《清华大学科技成果处置和收益分配管理办法（试行）》等制度，不断完善知识产权与成果转化新体系，建立健全科技成果转移转化收入分配和激励制度，深度参与创新驱动发展战略实施，为促进区域发展和产业转型升级做贡献。2015 年以来，在深圳清华研究院基础上成立珠三角研究院，助力广东省创新驱动发展并辐射港澳，在更高层次上参与国际竞争与合作。与山西省共建清洁能源研究院，为煤炭等传统能源产业转型升级做贡献。与广东省、环保部共建国家环境研究院，立足解决绿色发展问题。与江苏省共同推进技术转移机制和模式创新，与苏州市联合实施"创新行动计划"、与无锡市共建国家级超级计算平台。

（四）加强科技成果转移转化能力建设

鼓励高校在不增加编制的前提下建立负责科技成果转移转化工作的专业化机构或者委托独立的科技成果转移转化服务机构开展科技成果转化，通过培训、市场聘任等多种方式建立成果转化职业经理人队伍。发挥大学科技园、区域（专业）研究院、行业组织在成果转移转化中的集聚辐射和带动作用，依托其构建技术交易、投融资等支撑服务平台，开展技术开发和市场需求对接、科技成果和风险投资对接，形成市场化的科技成果转移转化运营体系，培育打造运行机制灵活、专业人才集聚、服务能力突出的国家技术转移机构。高校要充分利用各级政府建立的科技成果信息平台，加强成果的宣传和展览展示；鼓励科研人员面向企业开展技术开发、技术咨询和技术服务等横向合作，与企业联合实施科技成果转化。

厦门大学建立科技成果转化管理体系，建立并逐步完善了技术成果库、技术专家库、企业技术需求库。牵头组建石墨烯产业技术创新战略联盟，组建"国家示范性微电子学院"，积极服务省市新能源、新材料和微电子产业发展。生物疫苗研制、新一代煤化工、锂离子动力电池研发、特种材料研发、智能摩擦传动技术等产学研成果成功实现产业化，研制出世界首个戊肝疫苗并成功获批上市。成立产业技术研究院，国家大学科技园南太武园区开工建设，翔安主园区获批建设，共建附属医院成效显著，附属翔安医院建设推进顺利。

（五）健全以增加知识价值为导向的收益分配政策

高校根据国家规定和学校实际，制定科技成果转移转化奖励和收益分配办法，并在校内公开。在制定科技成果转移转化奖励和收益分配办法时，要充分听取学校科技人员的意见，兼顾学校、院系、成果完成人和专业技术转移转化机构等参与科技成果转化的各方利益。

天津大学依法享有科技成果自主处置权、自主使用权和收益分配权，收益按一定比例奖励给科技成果完成人和技术转移经纪人，促进科技成果转化。至2016 年年末，建设技术转移中心分中心 30 个，遍及全国 16 个省 20 多个地级市，当年梳理整合可推广技术 130 余项，可转化技术 30 项，促成签订技术合同 21 项，项目经费达 1610 万元。

第二节　改革成效

一、成立创新创业平台，集聚多方资源，建设符合综合性研究型创新型大学特点的技术创新服务体系

建设产学研结合示范基地，开展行业关键技术攻关。

浙江大学工业技术研究院在 2009 年 4 月成立，自 2010 年起，研究院先后在宁波、苏州、广州、自贡、天津、包头等地建设了 8 个集公共平台服务、战略咨询规划、领军人才集聚、新兴企业孵化、高新技术转移、创新人才培养等功能的创新型研究机构（创新创业平台），集聚多方资源，建设符合综合性研究型创新型大学特点的技术创新服务体系；坚定"协同创新 助力创业 合作共赢"目标，着力技术转移服务国家区域经济社会发展；推进技术开发与创业孵化、技术转移与风险投资的紧密结合，大大加快科技成果的集成化、产业化和国际化步伐。研究院下设有一个科技服务的专业机构——浙江大学技术转移中心，是科技部国家（首批）技术转移示范机构和国家科技计划（火炬计划）实施 20 周年先进服务机构。浙大技术转移中心有一支由教授、博士等 150 多名高级人才构成的科技服务队伍，他们与各地创新创业平台协同开拓，近年来在全国范围已建设 70 余家区域分支机构，为数万家企事业单位提供了科技服务及咨询，为地方经济社会发展和产业转型升级，为各类高新技术成果转化，为广大科技人员创新创业发展做出了积极贡献。

长期以来，华南理工大学充分发挥自身办学优势，秉承"以服务求支持，以贡献求发展"理念，形成了基础前沿、应用研究和工程化研究一体化设计、全链条协调推进的科研创新模式，探索实践一系列行之有效的科技成果转化途径。近年来，学校共派出近 700 名企业科技特派员，带领 3000 多名学生助理，进驻 21 个地市 500 多家企业。以对接专业镇为抓手，开展行业共性关键技术攻关。学校先后与行业龙头企业共建了 40 个产学研创新联盟、49 个产学研结合示范基地，与广东省内 100 多个专业镇形成了"一院一镇"或"一团队一镇"的紧密对接模式，全方位支撑行业产业转型升级。着力打造新型研发机构与成果孵化平台。学

校先后组建了广州现代产业技术研究院、华南协同创新研究院、华南理工大学珠海现代产业创新研究院、华南理工大学工业技术研究院、中山市华南理工大学现代产业技术研究院、华南理工大学长沙技术转移中心等新型研发机构与成果转化平台，形成了以学校为源头，以广州为中心，以东莞、珠海为东西两翼，辐射、支撑、带动全省内外的产学研合作格局。此外，还建有一个国家大学科技园，拥有两个国家级转移示范机构，有效承载学校科技成果的转化实施。据悉，华南理工专利申请和授权量以及有效发明专利数量一直稳居全国高校前列，2014 年度，专利申请数量达 2214 件，获得国家专利奖金奖 1 项，优秀奖 2 项；2009 年以来，共获国家专利奖 16 项，位居全国高校第一。近五年来，从企业获得的各类横向科研项目合同总经费近 25 亿元，为 3000 多家企业解决了上万个技术难题，有效地促进了学校科技成果转化实施。

二、协同创新构建智库建设体系，整合资源推进学科和团队建设，集中问题深入开展科学研究

近年来，四川大学发挥高层次人才密集、学科优势明显、馆藏资料丰富、学术氛围浓厚的条件，逐步确立了以协同创新中心为抓手推进新型智库建设的总体思路，逐步凝练出"西部边疆安全与发展"、"多民族文化传承与国家认同"两个大方向作为智库建设的牵引。构建了以协同创新中心为龙头，以教育部人文社科重点研究基地和区域与国别研究培育基地、"985"平台、四川省哲学社科重点研究基地为依托，以"社会发展与西部开发研究院"、"当代俄罗斯研究中心"、"欧洲研究中心"等研究机构为基础的智库建设体系，大胆探索灵活高效的智库运行机制。"中国西部边疆安全与发展战略协同创新中心"（以下简称"西部边疆中心"）是由四川大学牵头，联合云南大学、西藏大学、新疆大学、国家民委民族理论政策研究室、国务院发展研究中心民族发展研究所等单位于 2012 年组建的。中心的建设使命是以新时期国家安全与发展的重大战略需求为导向，以"校校、校地、军地"协同为路径，以科学研究、决策咨询、人才培养、学科建设等方面的机制体制改革为保障，汇聚西部边疆研究力量，培养西部边疆急需人才，研究西部边疆治理战略，探索西部边疆安全与发展新路，为兴边富民、强国睦邻和国家长治久安提供智力支持。"中国多民族文化凝聚与国家认同协同创新中心"（以下简称"多民族文化凝聚中心"）是 2013 年 11 月成立的，该中心瞄准中华民族

伟大复兴中面临的促进民族团结、增强民族凝聚力与国家认同感的重大战略问题和提升多民族国家文化软实力的重大任务，以实现项目组织、平台建设、人员管理、成果共享、人才培养等方面的高效协同为重点，汇聚各方优质资源，积极探索中国特色新型智库的组织形式、管理方式，完善了平台共用、成果共享、风险分担的运作机制。

智库建设是从学科出发，以优势学科作为深厚的根基和依托。反过来，智库建设又促进学科发展，推动学科交叉整合和团队建设。天津大学整合学校优势智力资源，汇聚和吸引一批社科领域专家和高水平工程科学研究人才形成专业化的团队从事战略研究。充分利用国家地方咨政平台，拓展智库专家咨政渠道，建立约稿机制，定向征集，定期报送，在若干优势领域建立年度研究报告发布机制。目前，学校重点在生物安全、能源环境、绿色发展、知识产权、文化遗产等领域进行智库建设规划与布局，已形成 APEC 可持续能源中心、天津大学生物安全战略研究中心、国家知识产权战略实施研究基地、中国绿色发展研究院建设等一批有一定影响力的新型智库，学校人文社科重大项目实现连续 6 年持续立项。

高校智库研究必须围绕党和国家的重大战略需求，实现基础研究与对策研究有机结合，具有前沿性、专业性、综合性，研究成果需要体现更多的前瞻性和长远性。新世纪之初，东北师大农村教育研究所获批教育部人文社科重点研究基地，以"关注农村教育重大问题、注重大规模实证调查、服务国家重大教育决策"为价值旨趣，深入 30 个省市区农村教育一线开展调查研究，承担国家重大农村教育攻关项目 3 项，先后撰写的 40 余份咨询报告和政策建议获得李克强、温家宝、刘延东等领导批示；2002 年撰写的《农村初中辍学现状调查报告》推动了 2003 年首次全国农村教育工作会议召开。十八大以来，学校把破解农村教育重大问题列入学校重点发展战略，积极建立中国农村教育发展的协同机制。由东北师范大学牵头，联合协同北京师范大学、中国农业大学、华中师范大学、西南大学、西北师范大学和教育部职业技术教育中心研究所共同成立了"中国农村教育发展协同创新中心"，聚焦国家"大力促进教育公平"、"努力缩小城乡教育差距"、"全面提升农村教育质量"的重大战略需求，整合全国优势研究力量和资源，着力推进人才、学科、科研"三位一体"的教育改革与创新能力提升。

三、实施创业带动就业工程，建立大学创业基地

中国矿业大学将创新创业教育列入学校"十三五"规划及综合改革实施方

案，融入学生培养方案和素质发展纲要。构建资助项目平台、竞赛活动平台、实训基地平台的"三类型平台"，提供创业实训扶持、模拟创业扶持、"孵化创业"扶持的"三层次扶持"，强化政府支持、学校推动、社会参与的"三维度"保障。利用学生自主创业比例持续增长，学校国家大学科技园积极搭建中小微企业与毕业生招聘交流平台，累计孵化企业2000多家，累计提供就业岗位14000多个。

华中师范大学出台并实施《华中师范大学促进学生高质量就业的综合改革方案》，全校近8000毕业生年底总就业率超过90%；就业工作综合改革探索先后被教育部官网报道、并作为典型在全省120余所高校就业工作大会上介绍经验，得到相关政府部门的高度评价。中科创业学院正式成立，大学生创业实践基地已初具规模，校内外联动已逐渐成效。

四、科研规模稳步扩大，成果转化机制不断创新

通过理清科技成果转移转化流程不同环节中相关部门的主体责任，解决各阶段的实施和衔接问题。建立科研成果定期汇总、评级机制，定期组织专家对成果的前沿性、可操作性、推广价值进行评审，根据区分项目的成熟度进行分类支持，出台成果转移转化配套政策，建立科技成果储备库，创新科技成果宣传推广路径。

第三节　经验归纳

一、将创新创业教育融入培养方案，优化创新创业实践教学体系，建设创新创业基地

不少学校修订2016版人才培养方案，构建创新创业教育课程群，在通识课程中增设创新创业选修课，结合专业基础课或专业主干课，开设创新创业课。在素质拓展学分中，引入对创新创业成绩的认定，建立创新创业档案和成绩单。推荐免试研究生政策中，为创新创业突出的学生单列推荐条件和推荐指标。实施弹性学制，允许学生调整学业进程、保留学籍休学创新创业。

通过创新研究性实验、创新训练、专家讲座、案例研讨、创业大赛、模拟孵

化、创业实训等活动开展全方位、立体化的创新创业教育，打造一批创新创业品牌活动。开设创新创业教育网络课堂，通过网络平台传播创业文化，普及创业知识，开展网络政策咨询，发布相关政策、创业项目和创业实训信息等。

开放校内实验室、科研基地、重点实验室等校内科研平台，为校内创业模拟、初创企业孵化、创新训练提供科研开发指导、咨询等智力支持。通过建立创新创业基地、创客空间、创新创业成果展室，搭建学生创新创业实训平台。积极引入社会资源，开展科技孵化及科技成果转移、转化及产业化工作，拓展学生创新创业空间。

二、集中优势资源建设智库平台，加强智库的国际化交流

我国高校中以"研究院"冠名的不止百个，但并不是每个研究院都适合发展成为智库。智库作为一种社会组织是特指稳定的、相对独立的政策研究机构，其研究人员运用科学的研究方法对广泛的公共政策问题进行跨学科的研究，并在与政府、企业及大众密切相关的政策问题上提出咨询建议。智库既要求专业化又要求跨学科，既要求国际化又要求解决问题的本土化，既要求提出的政策建议具有短期的时效性又要求具有长期的战略性。国内一些研究型大学已有一些研究机构具备一定基础和规模，国内高校智库中较为突出的如北京大学国际战略研究院、北京大学国家发展研究院、清华大学国情研究院等。

清华大学中国与世界经济研究中心根据主题研究需要不定期地举办学术会议，邀请跨国公司高层人士和政府机构官员共同讨论中国社会经济和政策取向与问题，这些学术会议具有层次高、专业化、国际化等特点，如"高级政策与学术研讨会"等。这种类型的研讨会关注和聚焦社会、政府所关心的热点问题并就其展开非正式、非公开、高效率、高水平的研讨。中心就金砖国家发展举办了 6 次研讨会，并借助其影响力联合多国学者成立金砖国家经济智库。中心未来还将联合国际其他知名研究机构共同探讨中国经济改革等重大问题，并以此为契机推动中外顶尖智库交流学习。

三、着力制度创新，建立健全学科建设与科研改革体制机制

华东师范大学完善激励制度，优化评价体系，建立首席专家负责制，加强对平台基地的管理，出台了一系列相关制度文件，鼓励拔尖人才潜心研究，产出原

创科研成果，鼓励学者围绕重大学术问题、国家需求，申报重大科研项目，完善间接经费、结余经费、横向经费管理办法，提高科研人员积极性，加强对非实体科研机构的管理和考评，设立跨学科工作坊项目，推进跨学科联合研究等。华中农业大学推进科技体制改革，着力于科技管理体制、协同创新机制、科技项目与经费管理机制、科技成果转化机制、学术道德建设机制的完善，探索定点扶贫工作新机制，取得了较好的成效。

第四节　困难分析

一、创新教学能力需进一步加强，创新文化环境需进一步营造

部分教师传统教育观念仍占主导地位，教学理念尚未完全适应现代教育培养创新型人才的需要，仍采取单向的知识传递模式，引导启迪学生的发散性、创新性思维不够。同时，在传授专业前沿知识，跨学科知识方面做得尚显不足，影响了学生扩展视野，及时把握专业动态，掌握相邻及边缘学科知识。

创新文化建设在校园文化建设中的深度稍显不足，在鼓励学生创新的激励措施上有所欠缺，对学生创新创业成果的宣传展示不够。在班级文化方面，对科技创新氛围的营造不足，组织学术沙龙等活动的班级数量较少，学生缺乏自主讨论学术问题的积极性。

二、智库政策建议操作性不强，对公众舆论的影响力弱

如何提出对政策有影响力、操作性强的建议，对智库而言是一个难题，对高校智库而言更是一个需要从转变研究方法上认真思考的问题。高校智库的研究人员很多都缺乏实践经验，缺乏长期的调查研究，偏重发挥自己在理论研究方面的优势，研究报告在实际中往往不具有可操作性，只起到一定的参考价值。

高校智库不容忽视智库的另一个重要职能就是引导公众舆论，重视自身的公众影响力和品牌建设已是一种趋势，如何把深奥的研究报告变成大众所愿意接受的东西是高校智库所欠缺的。

三、科研创新能力不强

相比世界发达国家而言，我国科研总体水平仍处于落后状态，虽然国家和社会各界正在逐渐加大对科学研究的投入，科研机构和科研人才的数量有所上升，但成果质量还不高，自主创新能力还不强，先导性战略高技术领域科技力量还很薄弱，原始创新能力欠缺，国际学术话语权还未能掌握。

第五节 未来思路

一、提升教师创新教学能力，同时营造校园创新环境与创新氛围

把能否激起学生学习兴趣，能否使学生通过自主学习研究解决实际问题，纳入教师考评条件，充分调动教师培养学生创新意识、激发学生创新潜能的积极性。建立专项奖励基金，对创新成果和创新工作成效突出的师生给予专项奖励。通过奖学金、创新基金、素质拓展学分等多种措施激励学生开展创新活动，并提供经费支持以及导师专业辅导。

创新环境的建设是创新人才培养的必要条件。加强对学生创新创业成果的宣传展示，充分利用第二课堂，定期举行各种学术讲座、学术沙龙和大学生科技报告会。鼓励学生参加教师科研课题，建立大学生科技创新专项基金，选派指导教师，对学生的科研课题进行定期检查和有效指导，进一步培养学生的创新毅力和责任心，有效地发挥学生创造才能。建立激励竞争机制，举行多样化竞赛活动，对在创新方面成绩突出的学生进行表彰与奖励。对于获得国家级或省（部）级创新成果的学生，以及在校内外创新实践活动中成绩显著的学生，可以允许其申请免修与之相关的课程学分、课程设计或毕业设计（论文）学分等。

二、长期专注于切实影响中国长期发展的战略问题研究

当前世界，经济、政治、社会、文化等各领域里的竞争日益激烈，各国智库虽然开始将一部分研究力量用于涉及世界各国以及全人类共同利益的重大战略性问题研究上，如气候问题、能源问题等。但各国智库研究重心仍然集中于本国核

心国家利益的研究课题上，特别是在涉及重大国际性议题时，全球知名智库的研究内容具有更强的现实性，如美国在"9·11"之后，非传统安全问题、反恐问题等迅速成为各大智库研究的热点。中国目前的重要议题如经济结构调整与转型、国家创新体系建设、人口老龄化问题、粮食与食品安全、农村发展问题、新型城镇化问题、创新社会治理体制问题等都是高校智库研究的重要选题。高校智库应当发挥战略研究的重要功能。此外，建议形成高校智库与政府、企业之间的人员"双向派出"，这会提高政策建议的操作性。

三、完善科研成果转化及共享机制

充分发挥市场机制的关键作用，积极探索成果转化的市场运作方式，在高校和政府、社会之间搭建起桥梁和纽带，探索服务需求对接新模式，实现社会服务供给主体的多元化和供给方式的多样化，完善科研成果数据库，健全科研成果信息分类管理、开放、共享制度。

四川大学计划加强学校科技创新体系建设，全面实施创新驱动行动计划，引育"大人物"、组织"大团队"、搭建"大平台"、争取"大项目"、产出"大成果"，为实现创新型国家和科技强国战略目标做出贡献。建立以发现和解决科学问题的价值、聚焦和破解国家重大需求的难题为目标的科研评价体系，实行分类评价，保护创新、宽容失败，激发教师和科研人员的创新创造活力。深入实施科技成果转化行动计划，积极推进科技成果处置权、使用权和收益权"三权"改革试点，探索建立有利于加快科技成果转化的科学高效的服务体系，全面提升学校科技成果转化能力。

第九章 现代大学制度改革

中国特色现代大学制度是中国特色社会主义制度的有机组成部分，建设中国特色现代大学制度是《国家中长期教育改革和发展规划纲要（2010—2020年）》作出的重要部署，是提高高等教育质量的重要保证，对推进我国高等教育事业科学发展具有特殊重要的意义。必须通过制度创新，正确处理解决学校与政府、社会的关系，协调平衡学校内部行政权力与学术权力的关系，健全完善"党委领导、校长负责、教授治学、民主管理、依法治校"的体制机制。

第一节　具体改革措施

一、坚持和完善党领导下的校长负责制，提高党的建设水平

贯彻民主集中制，完善重大事项决策制度，制定全委会、常委会、校长办公会议（校务会议）的会议制度和议事规则，建立健全党委统一领导、党政分工合作、协调运行的工作机制。落实党委的领导核心地位，切实把握好学校发展方向，决定重大问题，监督重大决议执行，保证学校各项任务完成。落实校长的学校法定代表人地位，保证校长依法行使国家法律规定的职权，全面负责教学、科研、行政管理工作。进一步健全集体领导和个人分工负责相结合的体制机制，严肃党内组织生活，反对独断专行和软弱涣散两种倾向。

二、构建以大学章程为核心的现代大学制度体系，推进依法治校

深入贯彻党的十八届四中全会精神，以落实《大学章程》为契机，推进依法

办学、依法治校。把综合改革纳入法治轨道，使深化改革有法律依据，获得法律保障。把章程作为学校依法自主办学的根本依据和总纲领，对全校各类规章进行清理和梳理，形成以章程为核心的健全、规范、统一的制度体系，保障学生、教职员工的合法权益，健全和保障学术自由和学术诚信，保障学校各项教学、科研、行政事务有序运行。

三、充分行使学校和学院的自主权

学校和社会：推进政校分开、管办分离，围绕政府宏观"管学"、学校自主"办学"进行制度创新。学校依法行使办学自主权，进一步深化考试招生制度改革，自主选拔学生；坚持特色办学，根据经济社会发展需求自主调整优化学科专业；自主开展教育教学，促进学生更好地成长成才；进一步扩大人事管理权限，发挥各类人才的积极性和创造性；自主开展科学研究、技术开发和社会服务，不断提高科研水平；自主管理使用资产和办学经费，发挥经费的最大效益；积极开展国际交流合作，提高国际化水平。

学校和学院：理顺学校、学院（系、中心、所）两级管理体制，在合理确定学院架构的前提下，强化学院办学主体地位和责任，加强目标管理和绩效考核，完善保障机制。依据学校章程规范有序赋予学院自主权，强化和突出学院管理实体功能，完善学校和学院两级资源配置机制。学校加强指导和监督，对学院教学质量评估、教学科研及重大项目等实行定期和适时评价，并予以绩效奖励。

四、完善学校内部治理结构，完善学术委员会体系

完善以学术委员会为核心的学术管理体系和组织架构，并以学术委员会为校内最高学术机构，统筹行使学术事务的决策、审议、评定和咨询等职权，保障其在学科建设、学术评价、人才培养、学术发展等学术事务中发挥主要作用，并依章程行使权力。探索在学术决策与行政执行之间建立良性沟通协同机制，形成学校发展合力。

五、健全监督约束机制

规范和完善决策权、执行权、监督权相互制约机制，改进决策程序，健全学校决策合法性审查机制、申诉评议机制和纠错机制，保障学校科学决策、依法决

策和民主决策。发挥教职工代表大会及群众组织作用，健全师生员工参与民主管理和监督的工作机制。实行党务公开和校务公开，通过校务公开工作报告、公开网站等不同形式，及时向师生员工、群众团体、民主党派、离退休老同志等通报学校重大决策及实施情况，自觉接受群众监督。履行好学校经费和资源监管职责，增强内部监督体系的独立性和权威性，规范与完善问责制度，依法接受国家监管和审计。建立健全绩效评估机制，引入国际同行评估制度，积极参与国际权威认证机构组织的认证评估，完善规范化、制度化、常态化第三方评估机制。

六、依靠师生民主治校

完善民主管理、民主参与、民主监督制度，充分发挥广大师生员工的智慧和力量，利用好党代会、教（职）代会、学代会、研代会、团代会等民主形式，利用好民主党派、校友、社会评价机构等各方面代表，充分发挥广大师生员工的智慧和力量，促进学校民主决策。

中国农业大学在改革中，推进和完善基层民主协商，大力加强智库型、服务型统战建设，实施"168"工程，着力建设高素质党外代表人士队伍。完善与各方面代表的定期沟通交流机制，探索建立重大问题的公开听证机制，健全信息公开机制，加快制定完善信息公开办法，做好重要决定的解释座谈工作。

北京语言大学深入落实定期与老同志联系制度，学校主要领导定期向老同志通报学校的改革发展情况，听取他们的意见和建议，规范师生员工参与民主决策、民主管理和民主监督的形式渠道和机制。

七、校院两级管理体制改革

学院是大学的基本组成单位和准办学主体，必须深化学院改革，赋予学院与其职责相匹配的权利，尊重学院首创精神，鼓励先行先试，充分激发学院的内生动力和创新活力。鼓励参照国家试点学院发展指标进行建设。

增强学院办学自主权。在教师遴选和考评制度、人才培养方案制订、学生选拔方式、内部治理结构等方面给予学院更大的自主权。鼓励建立灵活多样的用人机制，建立人员流转退出机制。适度增加学院推免名额和直博生名额，鼓励实行学生个性化培养。鼓励扩大国际合作，探索授予联合学位与双学位。支持学院自主设置基层学术组织，自主配置各类资源。学校对学院重大改革创新项目给予专项支持，对争取的外部资源给予配套奖励。

推动学院自主创新发展。认真规划自身在学校发展总体战略中的作用与贡献，结合自身学科专业、竞争环境、资源能力等情况，紧盯同类高校最好水平，对比标杆找准差距，明确发展定位和目标。遵循国际通行规则，在运行管理机制方面大胆创新，建立自我发展、自我激励和自我约束机制，自主开展教学、科研、管理活动。

加强对学院的监督评价。从宏观战略、规划政策、质量标准的制定等方面加强分类指导、分类管理、分类评价。改革学院经费配置方式，建立以学院办学质量为导向的竞争性资源配置机制。增强财务预算公开透明度，自觉接受学校审计监督、学院师生和社会监督。规范学院创收管理，引导学院将精力用到发展上。

中国传媒大学，以文法学部为试点，完善学校、学部两级管理体制，进一步理顺关系、整合资源，推进管理重心下移，提高各层面管理水平和工作效率。改革创新学术组织模式和科研管理方式，加强内生性机制建设。完善学部、学院（研究院、部、中心）问责机制，确保责、权、利相统一。稳步向学部放权，强化学部责任，提升学部自主决策和治理能力，释放学部活力。逐步降低由学校一级控制的资源分配比例，落实学部在资源配置、经费预算和人事等方面的主体地位。加强管理、统筹、整合的力度，为基层学术组织和团队建设搭建良好平台，实现人尽其才、物尽其用、出人才、出成果、出活力。

第二节　成绩总结

一、坚持和完善党委领导下的校长负责制

明确党委是学校的领导核心，总揽全局、协调各方，统一领导学校工作，尊重和支持校长独立负责地开展工作，不包揽具体行政事务。校长对于党的观念和党性原则强，尊重党委书记行使党的工作权力，主动接受并服从党委领导，作为学校行政法人，在党委集体领导下处理学校行政工作，承担学校教学、科研和行政管理职责，通过学校行政部门，领导实施学校重大决策及日常行政事务。

中央财经大学 2014 年年底修订完善了党委全委会、党委常委会和校长办公

会 3 个议事规则,并于 2016 年制定了学院党政联席会议议事规则,厘清了党委和行政的议事范围,进一步规范了议事规则和决策程序,有效提升了学校和学院依法决策、科学决策和民主决策的水平。

华中师范大学建立健全了学校"三重一大"规定,明确学校涉及"三重一大"的重大事项,由党委集体决策,同时也明确了校长办公会对"三重一大"事项的前期论证审议、后期部署落实的职责,保证重大事项的科学决策与合理分工;修订了党委常委会和校长办公会议事规则,进一步明确了党委常委会采取民主集中制、校长办公会采取校长负责制的不同议事规则。

二、建立健全以章程为统领的现代大学制度体系

按照党委领导、校长负责、教师治学、民主管理的原则,建立和完善学校和基层组织的决策制度体系;使党委、行政、学术委员会和教代会能够各司其职,形成既宽松自由,又积极向上的良好氛围,凝聚学校各方力量,共同为完成学校使命和愿景而积极努力。

北京大学根据中央的有关精神和《章程》,修订了《北京大学党政领导班子落实"三重一大"决策制度实施办法》,制定了《北京大学关于加强执行力建设的实施意见》、《北京大学党政领导干部问责制实施办法》、《北京大学关于严格规范举办领导干部参加的培训项目有关事项的实施细则》、《北京大学突发事件应急处置总体预案》等一系列制度文件,健全议事决策规则与程序,完善学校和基层组织的决策制度体系。

三、学术委员会建设不断加强

建立相对独立的学术委员会系统。明确校学术委员会对学术事务的审定、咨询和评价权责,明确在学术权益保护方面的权责,使校学术委员会成为对学术事务进行独立评判的组织。

2015 年,南京大学根据《中华人民共和国高等教育法》、《高等学校学术委员会规程》和《南京大学章程》有关规定,结合学校实际,制定出台《南京大学学术委员会章程》,审议学校人才培养、科学研究、学科建设、人才队伍建设工作等学术事务;评定学校教学与科研成果、项目、评奖以及有关人才人事岗位人选的学术水平;为学校制定与学术事务相关的重大发展规划与战略、学校教学与

科研经费预算决算方案、教学与科研重大项目申报及资金的分配使用、涉外办学与重大项目合作等事项提出咨询意见；监管学术不端行为，裁决学术纠纷；对校学位评定委员会、校教学委员会、校专业技术职务聘任委员会与院（系）学术委员会进行指导。

四、健全民主管理和监督机制

要高度重视发挥教职工代表大会作为教职工参与学校民主管理和监督主渠道的作用。

2015年，南京大学修订完成《南京大学教职工代表大会实施办法》（南委发〔2015〕16号），确保凡涉及学校发展的重大事项及与教职工切身利益的相关决策要提交教代会审议，切实保障学校教职工的知情权、参与权、表达权和监督权。

西南大学在综合改革中提出了加强民主管理的实施意见，健全了教代会代表、学代会代表列席校长办公会办法，实施重大事项听证、重要问题质询和重点工作巡查，建立了学代会代表常任制和提案制，保障师生员工的知情权、参与权。完善了统一战线协商民主工作，坚持双月召开党外人士协商座谈会。制定了《西南大学信息公开清单》，确定了15大项66小项公开内容，实现了制度文件、重大决策信息等重要信息公开查询。

五、充分行使学院的自主权

合理划定校、院的权责，学校重宏观、重监督、重服务，在人、财、物上给予院级单位更多自主权，激发学院活力；强化院级单位建设发展目标责任制，院级单位根据发展目标申请资源配置，学校根据发展目标配置资源，实施考核奖励，使院级单位成为责、权、利相对统一的自主管理、自主发展、自我约束、自我完善的办学主体。

北京大学加强学部和院系职能建设，于2016年完成学部换届工作，加强学部职能，建立学部办公系统，学部负责学科群内的学科建设发展与布局。每个学部设立部务会、学术委员会、教学指导委员会等三个委员会，学部通过委员会决策形式，对学部学科规划与调整、教师队伍建设、学术评价体系、跨学科人才培养等进行统筹考虑和建设，逐渐让学部发挥更大的作用，逐步实现学校负责宏观规划与服务，学部负责协调与监督，院系自主管理的格局。

第三节 经验归纳

大学是一个复杂的系统，各种因素交织在一起，相互影响，相互制约，单项改革很难取得明显成效，必须有科学的顶层设计，必须进行综合改革。改革的本质是调整各方利益结构和关系，改革的目的是通过建立科学合理的体制机制，彻底破除一切不合理的体制机制障碍，以共同的价值观和愿景统筹协调各方利益，最大限度地释放组织和个人的创造潜力，实现学校的核心使命。综合改革不是不分轻重缓急的齐头并进，更不是单项改革的简单叠加，而应根据学校的发展目标和职能，找出影响发展的瓶颈问题和深层次矛盾，厘清其内在联系，选准主攻方向和突破口，集中力量，系统地、有条不紊地解决体制机制问题。为此，对 80 所学校的综合改革方案自评报告进行总结，进行了经验归纳，为全国的高校改革提供指导。

一、坚持中国共产党的领导，把握社会主义办学方向

党的领导是办好中国大学的根本原则。改革越是向纵深推进，越需要加强和改善党对学校的领导，为深化学校综合改革，推进中国特色世界一流大学建设提供有力保障。

一是坚持社会主义办学方向，尤其是在新闻宣传、学者论坛、科研项目、国际交流合作等领域，严把意识形态工作领导权。

二是坚持和完善党委领导下的校长负责制，进一步明晰党委职责和校长职权之间的关系，促进党委决策、行政运行机制的民主化、科学化、规范化。

三是推进全面从严治党，切实落实党组织的主体责任和监督责任，强化一岗双责，确保各项综合改革任务落地。

二、落实学校章程，实现依法治校

制定大学章程是完善中国特色现代大学制度、推进依法治校和促进学校科学发展的必然要求和基本途径。大学章程是指大学最高权力机构，依据国家法律法

规、尊重大学组织特性、遵守行政法规制定程序，制定出来的上承国家法律法规下启内部各项规章制度的大学最高纲领，大部分学校在改革方案中都制定了适用于本校的大学章程。

学校坚持落实大学章程对依法自主办学、实施管理活动、履行公共职能、开展社会合作的重大意义，所以高校改革都应该积极构建以学校章程为统领的内部治理制度体系。治标和治本相结合，渐进和突破相促进，提高科学化、规范化、信息化管理水平和服务效率。

三、推进简政放权，激发学校活力

推动办学重心下移，实现权力两级运作。现代大学制度建设必须适应中国"由计划经济体系向市场经济体系、由集权管理体制向分权管理体制、由大学行政化运作向去行政化"三大转型。大学组织的变革应该回应宏观社会背景的变迁，所要建立的现代大学制度就是能够适应这三大转型的大学制度。

在中国目前的情况下，要建设现代大学制度从根源上讲乃是呼吁一种大学治理模式的"三权分立"。所谓"三权分立"就是指政治、行政和学术三权之间的分离和制衡关系。处理好高校与外部、高校内部治理的关系。"三权分立"就是政治上的党组织建设、党的政策的贯彻和执行是一条线，行政上政府的行政法规要落实是一条线，学术上需要独立，政治和行政应该尽可能少去干涉其自由。当然，这样的"三权分立"不是完全的独立，不是各管各的一块，乃是有一个中心的，这个中心就是学术，即行政和政治要服务于学术。政府主管部门还是要进一步梳理高校的办学"权力清单"，将一些事关学校发展的重要事项权力，比如人员编制、岗位管理、薪酬管理、内设机构设置、经费管理在学研究生学科专业审批权等进一步下放至高校，赋予学校更大的办学自主权。只有将办学自主权下放给学校，才能真正激发学校的办学活力和改革的积极性。

四、加强顶层设计，深化校内管理体制改革

学校内部的管理体制改革重在明确学校与学院之间的科学分工，充分发挥各类组织的最大效能。

一是坚持学院的主体地位，推进管理重心下移。根据实际情况，将人权、财权、事权、招生权等下移，发挥学院的积极作用，激发学院的主动性。

二是建立学术委员会，完善学术机构领导的选拔任用体系。调整校学术委员会、教学指导委员会、学科建设委员会以及各学部学术委员会。进一步完善内部治理结构，增加学者对学校学术管理的权重。逐步实现学校负责宏观规划与服务，学部负责协调与监督，院系自主管理的格局。

三是针对学校治理体系不完善、行政化倾向较为严重等问题，学校加强学部职能，淡化行政级别，优化管理流程，初步形成条块结合、更加合理的管理模式，使管理重心下移落到实处。

四是落实自主权。例如北京师范大学根据学校部院系综合改革精神，学部筹备工作组研究印发了各学部的《管理自主权权限清单》，给予学部充足的学科建设、人才培养、科学研究、队伍建设、经费使用、资产空间等方面的资源支持，落实了管理自主权限，并明确了学部相应的责任和要求，充分调动了学部办学的积极性。

五、明确部门责任，保障改革运行

顶层设计固然重要，但是落实不到位只会使改革方案成为一纸空谈，为了保证方案的落实，一定要做好以下工作：

一是加强任务细化，强化过程管理，明确责任主体、实施时间表和路线图，确保改革措施落地生效。例如厦门大学综合改革任务涉及六大方面共计30项改革任务，每一项任务之下还有若干具体改革举措，部门和改革任务之间、学校和学院改革之间任务纵横交织。

二是加强责任落实，成立专项改革工作组牵头负责8项任务，避免政出多门和多头管理问题产生。厦门大学为进一步明晰各部门改革任务，与总体方案相配套，出台实施了综合改革分解实施方案，进一步明确各项改革任务的责任领导和责任单位：校党委书记、校长负总责，各分管校领导牵头负责，各有关部门、单位具体负责。

三是加强督察督办，建立重大改革事项台账，明确考核标准和完成时限，专项改革工作组经常性报送改革工作成效及动态，建立跟踪机制，要求责任单位定期报告工作落实进展，未能如期完成要说明原因，如无故不落实的要进行约谈，做到督则必办，办则必果，确保各项重点工作抓到实处，抓出实效。

六、加强组织领导，倡导师生与社会参与

改革方案的实施要坚持从群众中来到群众中去，依靠师生的共同智慧是根本，改革成功的关键在于最大程度地调动基层单位和教职工的主动性和积极性，因此，在学校综合改革实施方案编制和工作推进过程中，要注重以下三点：

一是加强上下互动。机关部门和学院进一步加强沟通和联动，围绕学科建设、人才引进、绩效津贴、人才培养、科研评价等改革重要内容，广泛听取、搜集师生意见建议，最大程度地统一思想、凝聚共识，让学校的改革政策更"接地气"。

二是以人为本。全心全意依靠全体师生员工的创造性、主体性和能动性，充分发挥民主党派、教代会、学代会和工会、共青团等群团组织的聪明才智，凝心聚力，共建改革和建设大业。

三是强调社会参与。加强校友工作，在服务社会、扩大影响的过程中，更多地募集社会资源，助力学校发展。

第四节　困难分析

综合改革是涉及长远、牵动全局的重大任务，具有复杂性、系统性、艰巨性、敏感性，所以必须处理好改革、发展、稳定的关系，把握好改革的广度、深度、力度、速度和师生员工乃至社会接受程度间的关系，加强领导、科学统筹、有序推进、攻坚克难、力求突破、注重实效。当前学校改革整体进程进入了"深水区"，好改的越来越少，执行难度逐渐加大，存在的问题和不足还比较多。

学校以往改革更加注重的是单项改革、局部改革，存在条块分割的现象，而教育问题错综复杂，综合性和关联性都很强，深层次体制机制障碍需要系统破解。虽然学校内部治理体系已经根据国家有关政策初步建立起来，但是有许多细节仍需要补充完善，例如学术组织、理事会的作用仍须得到进一步发挥。国家对高校管理人员的发展缺少制度支持，在一定程度上制约了其工作积极性。学校管理水平不适应一流大学的建设要求，部门、条线之间的协调不够，管理的前瞻性、创造性、服务性不足。学校师生员工中蕴藏的创新创造潜能尚未充分激发，

制度制约比资源制约更深刻地影响学校当前和未来的发展。

一、党的领导仍须深化

一是对照党中央全面从严治党的新要求和加强高校思想政治工作的新部署，学校党的建设与思想政治工作水平有待进一步提升。党的十八大以来，全面从严治党力度空前，整风反腐肃纪力度空前。对照全面从严治党和高校思想政治工作的新形势新要求，高校对建理论的研究还有待加强；意识形态阵地建设相对处在"守势"，积极占领意识形态阵地的力量仍显不足；对教师贯彻"立德树人"要求虽严但措施不够实；基层党组织如何在学校综合改革中提高战斗力、党政之间如何相互配合强化合力等，有待从制度设计到具体实践不断摸索。

二是深化综合改革在学校党委领导下按计划推进，但学校党委总揽全局、加强顶层设计的能力仍不够强，某些改革发展定位不够明确，某种程度上导致了改革进度的不平衡和改革成效的不明显。在个别专项改革中，学校党委精心谋划、攻坚克难、解决复杂矛盾的决心和意志不够坚决。如学科专业调整改革，尽管以学部为载体推进改革，对学科分散、专业重复等问题有所缓解，但解决学校融合发展的本质问题仍须努力。

二、章程仍须进一步完善与落实

综合改革方案确定以后，会不断出现新形势、新问题，难以按照既定的改革任务推进改革进程，必须按照新形势、新问题即时调整改革方案。虽然绝大多数学校都制定了适合自己学校发展的学校章程，但是如何使改革的步伐跟上形势变化的节奏，如何能在保证改革方向的前提下，对大学章程进行灵活调整，有待于进一步探索。

另外，章程的实施离真正落地还有很大差距。以学术委员会为核心的学术管理体系尚未健全，保障学术委员会统筹行使学术事务职权的体制机制尚须进一步理顺。2014 年教育部发布的《普通高等学校理事会规程（试行）》中对理事会应发挥的作用及理事会代表都有规定，但从我国大学近年来成立大学理事会的现实看，理事会还较难做到参与学校办学管理、对学校进行监督和评价，没有充分发挥理事会在大学治理中的应有作用。依照章程，完善法人治理结构、优化内部管理体制机制、健全完善制度体系还有大量工作要做。

北京大学就指出：依法治校对综合改革发挥着引领、规范、推进和保障作用，目前学校制度体系尚未形成，规章打架和无章可循并存。规章制定部门化、零碎化，缺少统筹、协调和程序审查，缺少办学理念、价值观的宏观指导，导致规章之间相互不衔接。有些规章比较粗糙，缺乏可操作性和程序性规定。特别是在机关部门的岗位职责分工方面缺乏清晰高效的权责体系。在执行过程中，制度落实不到位，对制度执行情况缺乏有力监督。党委在制度机制建设、管理体系架构等方面发挥的引领和统筹作用不够，缺乏前瞻性和预见性。管理制度和治理机制不健全，学校管理水平和效能有待进一步提高，"软、散、懒、庸"的问题还在一定程度上存在。

三、学校办学自主权仍须下放

李克强总理指出："要加快推进高等教育领域'放、管、服'改革。结合高校特点，简除烦苛，给学校更大办学自主权。"以往的改革更加注重的是学校自身的改革，忽略与政府和社会的互动，而教育领域的问题，不仅仅是教育问题，还与社会问题相交织，新老矛盾多层叠加，需要更好地协调学校、政府、社会三者之间的关系。这与长期以来我国一直实行政府主导、高度集中的高等教育体制有关，政府与高校的关系实际上就是行政隶属关系。

尽管有些高校已经初步完成法律确权、章程赋权、简政放权的工作，但在充分用好办学自主权方面仍显经验不足。学校在深化综合改革的过程中，受到一些外部制度和资源的约束，影响学校发展。学术权力与行政权力运行不够协调。学术权力要求学术自主、教授治学，行政权力要求统筹协调、统一执行，两者协调运行是高校内部治理的难点。在我国的大学治理体系中，行政权力运行机制相对完善，力量相对强大，而学术权力的体系架构还有待进一步健全，教授治学的体制机制有待进一步完善。教育主管部门尚须进一步下放权力，为高校松绑减负、简除烦苛，让学校拥有更大的办学自主权。

四、院系办学主体地位仍须强化

浙江大学表明：院系办学主体地位需要强化。院系是学生培养、科学研究及学科建设的实施者，在高校管理中应处于主体地位。在校院两级治理结构中，权责和资源集中在学校，管理中心下移不够，院系的办学主体作用难以充分发挥。

原因在于校院两级关系尚未理顺，校院职责权限尚未界定得十分清楚；缺乏适应校院两级管理体制和运行机制的规章制度；解放思想、转变观念不够，学院办学的积极性、主动性和创造性尚未充分激发出来；学校、学院二级管理往往缺乏有机的自组织功能，学院的发展活力不足。

五、监督体系不完善，学校重制度设计而轻执行

在推进综合改革的过程中，部分领域还存在重制度设计、轻制度实施执行问题，也存在对改革政策的宣传与干部培训还不到位的问题，致使一些改革措施未能完全达到改革预期。这既需要学校深入思考和探索，也迫切需要教育行政主管部门和有关专家加强理论和实践指导。

在日常运行过程中，有些学校没有设立专门的综合改革办公室，仅将该职能挂靠相关部门，相应的人力配备也相对不足，导致日常工作一忙起来，综合改革的推进与协调就有所欠缺。同时，学校深化综合改革涉及面大、系统性强，部分涉及跨部门的改革推进也相对较慢，协同性有待进一步加强。

同济大学认为，重大改革决策前，一般应组织专家进行第三方论证或者咨询。同时，应主动接受政府监管、社会监督和校内民主监督，回应各方关切，充分听取政府主管部门和社会各界的意见，及时公布重大改革方案。但是，学校一些重大改革决策尚未全部建立决策前的第三方论证与咨询，存在着一定的决策风险。在接受监督和主动公开方面，也存在一定的提升空间。

改革的事中与事后评估不够及时。学校希望进一步解放思想，开展调查研究，切实提高改革决策的科学性、民主性，增强深入推进改革的执行力。密切跟踪改革进展情况，开展各项改革的事前、事中和事后评估，及时调整完善改革举措和工作安排；及时总结，努力形成可复制、可推广的经验做法。但是，由于各种原因，深化综合改革各个子项目事中与事后评估往往不够及时和深入，有时也没有根据评估和形势的变化及时对一些改革子项目进行调整或者完善。

六、师生管理与社会参与积极性有待提高

学校教师和学生这两个重要主体的改革积极性还没有完全调动起来。目前还存在一部分师生对综合改革不了解、不关心的现象。改革要取得成效，需要改革设计者、推动者、参与者达成共识，改革的综合性更要求统一认识，凝聚思想共

识，形成改革发展合力。因此，综合改革的宣传动员工作还需要进一步深入，广大师生对改革的重要性、必要性和紧迫性的认识还需要进一步深化。师生员工民主管理与监督作用发挥不足。教职工和学生是学校治理的重要参与者。但在我国大学治理的现实中，教职工及学生参与学校决策的有效途径欠缺，对学校管理者无法实施有效的监督，学生的自我管理机制需要建立健全，教代会、工代会、学代会等组织参与民主管理和监督的作用有待进一步发挥。

除此之外，高等教育领域与经济社会其他领域互动不足，企业参与校企联合培养的积极性也有待提高。产学联合人才培养是学校人才培养工作的创新尝试，也带来了显著的效果。该人才培养模式最重要的是需要企业，尤其是大型企业的积极参与。但学校自身获取发展资源的渠道和措施有限，特别是吸引社会力量参与学校建设的经验不足，基金会和理事会的作用发挥还不充分。缺乏国家对企业参与校企联合培养人才工作的激励政策和机制，企业对项目的参与和投入仍有较多顾虑和实际困难。

如《北京师范大学章程》中第六十八条提到：学校设立理事会。理事会是学校办学的咨询议事与监督机构。理事会应由关心、支持学校发展的海内外各界人士组成，包括学校的举办者、政府主管部门和共建单位代表，学校相关负责人、学术组织负责人和师生代表，资助学校办学的理事单位代表，杰出校友、社会知名人士、专家或企业家代表等。

第五节　未来思路

一、坚持和完善党委领导下的校长负责制

进一步对党委的领导职权和校长的行政职权进行明确的划分，不断完善党委常委会议和校长办公会议的决策程序和议事规则，从制度上进一步理顺党委和行政的关系，探索建立的有利于党委领导、校长负责的领导体制和运行机制。

二、实现学术权力与行政权力的相对分离和有机统一

学校要坚持把学术管理体制机制改革作为治理体系建设的重点领域和关键环

节，修订完善学术委员会章程，明确校学术委员会作为学校最高学术权力机构的地位和作用。完善学位评定委员会、教学委员会、学术道德与学风建设委员会等各级各类学术组织建设，初步形成以学术委员会为核心的学术治理体系，进一步完善行政权力与学术权力既相对分离，又相互支撑、相互促进、有机统一的运行机制。

三、保障学术权力的有效运行

明确规定学术委员会具有的决策、审议、评定和咨询以及学术纠纷裁定处理等职权，要求涉及学校学术发展方向性的制度、规划或者指导性的方案、规则、标准等，在决策前必须提交学术委员会审议，或者交由学术委员会审议并直接做出决定；涉及高端人才评价、重要奖项评比等，须由学术委员会或者由校学术委员会授权的学术组织进行评定；涉及与学术事务相关的全局性、重大发展规划和发展战略，须通报学术委员会，由学术委员会提出咨询意见。这些规定一方面突出了"有法可依"，促进学术委员会在学校管理中的权力发挥，另一方面强化学术委员会的作用和职责，保障学术权力的有效运行。

四、完善校院两级管理办法，强化职能部门的服务职能

先行进行试点并逐步推广绩效导向、总额配置下的二级学院经费综合预算运行制度，逐步实现管理模式由"校办院"向"院办校"转变。遵循"有效防范风险、提升管理效能"的目标，系统梳理各机构科室的职能定位和工作内容，对内设机构的职能进行调整，使科室职能划分更趋合理。进一步加强内部控制建设，基于不相容职责的原则，将不相容职责明确到岗。

五、深入推进民主管理

学校在不断完善教职工代表大会制度的基础上，加快推进专家学者全面参与治校治学和民主管理与监督。成立专家工作组，吸收学者参与学校章程建设、综合改革、"十三五"规划制订和"双一流"建设方案等全局性的制度建设和战略管理决策等活动。建立"校长有约""院长例会"等制度化沟通平台，保证师生参与学校治理落到实处。同时，探索建立学生听证制度、申诉制度、对话制度、参与重大事务决策制度，进一步完善学生参与学校治理的体制机制。

第十章 党 建

自党的十八大提出"深化教育领域综合改革"以来，全国各地高校认真贯彻中央决策部署，制订实施教育综合改革方案，有力有序地推进教育综合改革各项工作，取得了积极进展和显著成效。

高校肩负着学习研究宣传马克思主义、培养中国特色社会主义事业建设者和接班人的重大任务。加强党对高校的领导，加强和改进高校党的建设，是办好中国特色社会主义大学的根本保证。各高校在教育综合改革中，都将党建作为综合改革方案的重要组成部分。有些高校将党建作为独立的专项改革方向并成立了专门的工作小组，比如北京大学的党政管理服务专项改革、对外经贸大学的党建与思想政治工作专项改革、中国石油大学的党建与校园文化建设改革小组等。

在高校党建改革中，各高校积极贯彻落实党中央发布的文件和习近平总书记关于高校党建的系列讲话，紧密结合本校党建实际情况，在坚持和完善党委领导下的校长负责制、党管人才、基层党组织建设、思想政治工作、党风廉政建设、落实主体责任等方面采取了一系列行之有效的改革措施，有力地维护和促进了党对高校的领导。同时，部分高校也深刻认识到在新形势下高校党建中存在的问题和面临的困难，对进一步推动高校党建作出了进一步安排部署。

第一节 具体改革措施

一、切实加强党对改革事业的领导

北京语言大学提出切实加强党对综合改革的领导。党委统一领导，党政各司其职，形成合力。深化综合改革，必须充分发挥党委的领导核心作用、基层党组织的战斗堡垒作用和党员的先锋模范作用，保持党的先进性和纯洁性，提高学校党的建设科学化水平，确保改革顺利推进。要在全体党员，特别是党员干部中倡导"严以修身、严以用权、严以律己，谋事要实、创业要实、做人要实"的政治品格和做人准则。在党员干部中形成真抓实干、干事创业的良好氛围和强烈的改革创新意识。

二、加强和改进基层党建工作

中国人民大学提出进一步强化基层党组织的服务功能，明确服务定位，把握服务重点；优化基层党组织生活，坚持从严治党，严肃党的组织生活，不断探索优化组织生活的形式和内容；积极探索学生党建组织化、一体化；构建党建工作保障体系。

北京化工大学提出全面推进基层党组织建设，积极探索学习型、服务型、创新型等新型党组织建设，充分发挥院系党委（总支）在本单位各项工作中的政治核心作用，以党政联席会议形式决定本单位的重要事项。

三、推进反腐倡廉制度建设

北京师范大学提出着力健全党内监督制度，严格执行《中国共产党党员领导干部廉洁从政若干准则》、《中国共产党纪律处分条例》和《关于执行党风廉政建设责任制的规定》。着力深化体制机制改革，切实落实党委主体责任，完善党风廉政建设和反腐败工作的分工协作机制，梳理明确职能部门的权力清单、问题清单和责任清单。着力健全监督问责机制，切实强化纪委监督责任，健全党风廉政建设责任制检查考核体系，建立党风廉政建设和反腐败工作专项巡查机制。

北京邮电大学提出坚决纠正"四风"，持之以恒落实中央八项规定精神，巩固党的群众路线教育实践活动成果，扎实推进"三严三实"教育，推动作风建设规范化、常态化、长效化，真正让好作风内化为信念、外化为习惯、固化为制度。坚持"标本兼治、综合治理、惩防并举、注重预防"方针，全面推进惩治和预防腐败体系建设。加强廉政风险防控管理，加大源头防治力度。严格执行党风廉政建设责任制，落实好党委主体责任和纪委监督责任。

四、加强和改进干部队伍建设

北京交通大学提出坚持正确的用人导向，坚持公开、民主、竞争、择优的原则，坚持德才兼备、以德为先的标准，按照信念坚定、为民服务、勤政务实、敢于担当、清正廉洁的要求，构建科学规范、有效管用、简便易行的干部选拔任用机制。加强干部教育培养，进一步完善干部培训体系，加强优秀年轻干部和党外干部选拔培养力度，完善后备干部培养锻炼机制，提高干部思想政治素质和办学治校能力。从严管理干部，完善干部述职述廉制度、干部考核评价制度，加强干部日常监督和管理。

中国石油大学提出进一步完善校院两级党委中心组理论学习制度。构建作风建设长效机制，加强领导班子能力建设和作风建设，深化干部选拔任用制度改革，建立完善有效、简便易行、有利于优秀干部人才脱颖而出的选人用人机制。完善干部任期制度，加大干部的交流任职力度，探索建立干部分流机制。进一步优化干部队伍年龄结构，建设高素质干部队伍，有计划地为学院领导班子配备专职管理干部。

五、坚持党的群众路线

中国矿业大学（北京）提出充分发挥师生员工的主体作用。将学校开展党的群众路线教育实践活动所取得的重要成果转化为改革动力和发展实效。坚持民主治校原则，扩大改革进程的民主参与，完善群众利益表达和协调机制，最大限度地集中各方面的智慧和力量，凝聚全校师生员工的共识，充分发挥既有意见建议征集渠道的作用。

南开大学提出要充分发挥广大师生的积极性和主动性，在推进综合改革的过程中，坚持走群众路线，及时听取师生、群众、校友意见，主动接受社会监督，依靠制度建设提高决策科学化民主化水平，在最大程度上凝聚改革共识，营造良好的改革环境。

第二节 成绩总结

党的建设是一项系统工程，牵涉面广，任务量大。高校的党建既要遵守和执行党中央对党建的宏观部署，又要结合高校党建的特性明确工作重点和进行局部创新。在高校综合改革中，各高校根据不同的党建基础和不同的学科发展方向，针对自身党建的薄弱环节，运用学科发展的独特优势，采取了不同的党建措施，取得的成绩也各有侧重。具体而言，在教育综合改革中，各高校在党建领域取得了以下成绩：

一、加强和改进党的领导，不断增强党委在高校的领导核心作用

各高校严格贯彻《关于坚持和完善普通高等学校党委领导下的校长负责制的实施意见》、《关于直属高校进一步贯彻落实党委领导下的校长负责制等若干事项的通知》等文件要求，坚持社会主义办学方向，坚持党委领导下的校长负责制，切实履行管党治党、办学治校的主体责任。

在制度层面，各高校都制定了党委行政议事决策制度机制，明确了党委和其他机构的职能分工，对议事范围、程序、形式、决议以及执行和监督等方面予以全面规范。规范"三重一大"决策机制，强化了对重大事项决策出台前的调查研究与风险评估、重大问题决策前的征询意见和重大决策责任倒查追究等方面规定的健全完善和落实。

大连理工大学在前期制定形成学校党委常委会、校长办公会议事规则与决策程序的基础上，对几个议事规则进一步进行了修改和完善，并计划制定学校贯彻落实党委领导下的校长负责制实施意见等相关配套文件；重新修订了"三重一大"决策制度，印发了各学部（学院）执行"三重一大"决策制度的实施意见等，保证党的领导和依法落实校长职权，有力地促进学校科学民主决策。

北京师范大学形成"年初—年中—平时—年底"四点一线的党建常态化工作机制，年初制订工作计划；年中举办京师"七一"论坛、召开暑期党建暨工作研讨会交流研讨党建工作；平时每两周召开一次党委常委会、每月召开一次党委书记办公会、每月召开一次分党委书记会，深入研究党建工作面临的新形势、新任务和新问题；年底开展党建述职，考核评议党建工作。落实党员领导干部联系党

支部制度，每名党员校领导联系一个院系教师党支部。建立机关干部联系院系制度，从机关选派 60 位党员干部参加学院教师党支部组织生活，从学工部门选派 59 名干部联系学生党支部。

二、坚持党管干部，强化党委及组织部门在选人用人上的领导和把关责任

建设高素质的干部队伍不仅对于党的建设至关重要，也直接影响着高校教育综合改革的成败。择优选拔和严格管理党员干部是各高校教育综合改革的重要内容。

江南大学健全科学有效的选人用人机制，在干部选任工作中，进一步严格标准、规范程序、严明纪律、强化责任，调整优化流程，使选任环节更加规范。从严管理监督干部，严格执行干部个人有关事项报告制度，做好领导干部因私出国（境）证件集中管理。对处级及以上领导干部因私出国（境）证件信息、出入境审批手续情况开展重点核查。建立干部流动退出机制。实行领导干部任期制，任期届满，综合研判人岗相适情况，科学安排干部轮岗交流；任期届中，适时作出岗位调整，并对不称职的干部进行解聘免职等处理。

对外经贸大学成立干部工作领导小组，全面统筹干部工作。重视领导干部治校理政能力的提升，完善党政干部脱产培训、集中培训、理论中心组学习和在职自学四位一体的党政干部培训制度。加强干部出入境审批管理，制定干部兼职管理、请销假、诫勉谈话和函询办法等 6 项制度，加强对干部的日常监督和管理。坚持领导干部职务任期制、处级干部轮岗交流制，完善干部考核办法与指标体系，强化考核结果的运用，干部队伍结构进一步优化。

三、提升基层党建，使基层党支部成为各项工作的战斗堡垒

基层党组织建设是党建的重点和难点。在高校教育综合改革中，基层党建既是各个高校采取改革措施最多的领域，也是取得成绩最为突出的领域。

第一，工作机制。北京师范大学建立健全"六个有"的基层党建工作体系：即有长远发展规划、党政联席会议制度、健全的学术组织体系、各项管理的规章制度、学科和队伍建设规划、党建计划和文化标志系统，确保基层党组织围绕中心发挥作用。严格组织生活制度，提高组织生活质量，督促和指导党支部切实落实"年初计划—每月月报—年底总结"制度。创新组织生活内容和形式，组织开

展跨支部、跨院系的"结对子""手拉手"活动，与农村、部队、企业党组织广泛开展共建。河海大学严格党员领导干部民主生活会和党员组织生活会制度，完善组织生活指导性内容与自选内容相结合的工作机制，实行组织生活月报制度，提高党员组织生活的质量和效果。

第二，支部设置。北京师范大学创新支部设置方式，鼓励教工党支部在学科团队、教学团队、科研团队或管理团队上，实现党建工作与教学、科研和管理的有机融合。目前106个教师党支部中有88个建在团队上，比例达83%。中国传媒大学结合重大活动和重点工作及时调整基层党组织设置和隶属，学部制改革在机构设置调整的同时成立基层党委，建立基层组织负责人阅文和例会制度。

第三，发展党员。河海大学制定并严格执行《发展党员工作实施细则》《关于党员发展工作检查的规定》等规范，严格规范党员发展工作，构建党员发展质量保障体系。制定并严格执行《新转入学生党员审核办法（试行）》等规范，明确对新生党员开展材料审查、组织谈话以及审核工作的标准要求等，保证新生党员质量。全面开展党员组织关系排查，成立组织关系排查工作小组，开展组织员工集中培训，组织排查工作队伍，分别开展党支部自查、工作组核查、召开专题会议，针对党员组织关系存在的问题提出处理意见和下一步工作打算。南京大学紧扣大学生思想成长规律和入党积极分子、发展对象、预备党员的阶段性特点探索建立大学生入党三级教育培训体系，有力保障了大学生党员发展质量。

第四，述职考核。河海大学组织开展二级单位党组织书记抓基层党建述职评议考核工作，研究制定院（系）党政联席会议议事规则，细化二级单位党组织党建和精神文明建设考核指标体系。开展最佳党日活动评选表彰工作，总结推广基层党组织建设的经验做法，增强基层党组织活动的吸引力、感染力和凝聚力。西北工业大学制定了基层党委党建工作考核指标体系，明确了4个一级指标和13个二级指标的考核内容和标准。在前期对基层党委党建工作考核的基础上，从2016年起，开展了对基层党委书记抓基层党建工作的述职评议考核工作，有效激发了基层党委书记工作的积极性和主动性。

第五，组织换届。注重选好配强基层党组织负责人，不断提高基层党组织负责人工作水平。河海大学严格基层党组织换届工作，2014年年底完成30个二级单位党委、党总支、党工委、直属支部换届。按时完成学校基层党支部设置及支部委员会换届。北京交通大学完成基层党支部改选，机关党支部书记全部由正处级干部担任，教师党支部书记由副高以上职称教师担任。

四、明确党建责任，确保从严治党落到实处

中国药科大学在学校落实党委"五个一"工作机制，即党委每年至少听取一次党建工作报告，党委每半年召开一次党建工作专题会，党建工作领导小组每季度召开一次党建工作例会，党建工作领导小组办公室每月召开一次党建工作协调推进会，每年组织开展一次党建工作"三级联述联评联考"，通过定期听取汇报、定期研究部署、定期统筹调度、定期督促落实、定期考核评价，确保从严治党责任落到实处。

中国矿业大学强化党委全面从严治党的主体责任意识，建立健全党建工作责任体系，进一步完善党代表任期制和党委常委会定期向全委会报告工作制度。践行监督执纪"四种形态"，强化党内监督。通过改革，学校建立涵盖了学校党委、院系基层党委和党支部"纵向到底、横向到边"、责权明晰、运转有序的责任体系，切实抓好了各级党组织自身建设和党员队伍建设。

五、加强思想政治教育，把握意识形态的领导权和主动权

江南大学制定了《关于加强和改进学校思想政治工作的若干意见》，成立了以校党委书记和校长为组长的思想政治工作领导小组，加强思政教育的顶层设计，构建"大思政"协同育人机制。设立党委教师工作部，统筹做好教师思想教育和管理服务工作，制定学校《加强和改进青年教师思想政治工作的实施意见》，推进青年教师思想引领、英才培养、关爱服务等工作。构建网络思政教育新格局。完善网络思政教育组织架构，完成校报、校园门户网站的全面改版；新建校园网主页—新闻网—新媒体网—视频图片网—读书网的网站集群；逐步形成官方微博、微信、QQ 公众号、今日头条号四大新媒体平台。组织新媒体联盟训练营，重点建设一批贴近大学生思想、学习、生活的主题教育网站和网络互动社区。

北京师范大学构建了理论宣讲、专题研修、网络培训等相结合的教育培训体系，建立了线上线下学习相结合的制度，不断提升党员的思想政治素质和理论水平。出台《二级党校管理办法》，在部院系建立 11 个二级党校，采取院系共建的方式实现党员教育全覆盖。落实领导干部讲党课制度。2016 年，校领导带头讲

党课 20 余次，院系党政班子成员带头为师生党员讲党课 120 余次，教工、学生党支部书记讲党课 300 余次。近年来，学校组织近 30 支党员教师志愿服务小分队，先后赴云南、陕西、宁夏等地开展义务支教和志愿服务活动。利用庆祝建党纪念日的契机，开展"七个一"系列活动，即每年组织一次"七一"升旗仪式、一次"七一"表彰大会、一次主题文艺汇演、一次主题征文、一次专项培训、一次共产党员献爱心活动、一次困难党员慰问活动，弘扬主旋律，让党的旗帜亮起来。

六、加强党风廉政建设，完善党内监督

北京航空航天大学试点开展廉政风险防控管理"三个体系"建设，优化权力运行制约监督机制。深入落实中央八项规定精神，严格办公用房、公务用车、会议、公务接待、因公出国（境）的管理，持之以恒反"四风"。

中国传媒大学加强学校党委对党风廉政建设和反腐败工作的组织领导，做到常研究、常部署，常督促、常检查，党委书记亲自抓、负总责，班子成员认真履行"一岗双责"。不断延伸管党治党责任，着力构建横向到边、纵向到底的责任网络。十八大以来开展落实八项规定、"小金库"专项检查等近 30 次整肃专项活动。建构"3＋N"层层延伸的制度体系，进一步夯实学校党风廉政制度基础。认真做好问题线索五类标准定期清理、分类处置、汇总分析，认真落实日报、月报、季报、年报制度。着力打造《廉洁知乎》宣传品牌，依托微信公众号开展"廉政提醒"，结合真实案例创作警示宣传漫画，推动创作原创廉政艺术作品。

七、坚持党管人才

哈尔滨工业大学成立了以校党委书记和校长为组长的人才工作领导小组、思想政治工作领导小组和人事制度改革专项工作组，设立了人力资源委员会和党委教师工作部，建立了人才工作目标责任制，确立了"学校主导、学院主体、教师主人翁"的人才工作原则，成立了人才工作办公室和人才工作协调小组。

南京大学注重优化党员队伍结构，加大在学术骨干教师中发展党员力度，院士、长江学者、杰青中党员比例分别达 55％、55％、48％，取得较为明显的成效。鼓励和支持党外人士参与学校民主管理，先后成立党外知识分子联谊会和留学归国学者联谊会，实施党外知识分子校内挂职计划，有效凝聚党外知识分子智

慧和力量。

第三节 经验归纳

一、坚持党的领导

全面深化改革必须充分发挥党委总揽全局、协调各方的领导核心作用。高校的党建改革措施必须以提高和优化党对综合教育改革的领导作为为目的。党委要切实履行对改革的领导责任，统一改革思想、凝集改革共识，在方向性、根本性问题上不偏差、不失误，确保改革的政治立场、路线设计、政策执行不偏向、不走样。同时，党委要站在全局的战略高度，统筹谋划，依法推进，切实增强全面深化改革的执行力。

各高校应坚持党性原则，遵循党的政治路线，坚持以党的旗帜为旗帜、以党的意志为意志、以党的使命为使命，坚持和完善党委领导下的校长负责制，从严治校、从严治教、从严治学、从严管理，继承和发扬好学校的办学优势。

二、顶层设计与民主参与相结合

深化改革既要明确方向、原则、路径、任务，也要给各单位留出探索和实践的空间，积极鼓励实践创新。只有充分激发广大师生参与、推进改革的内生动力和创造力，才能最大限度地凝聚共识，形成推进改革的强大动力。

三、加强从严治党

高校应当落实全面从严治党要求，扛起责任、狠抓落实，以党建工作的实际成效，为深化教育领域综合改革、全面推进依法治教、加快推进教育现代化提供坚强保证。学校党委要认真落实管党治党的主体责任，统一领导学校全面工作，全面贯彻执行党的路线方针政策，牢牢把握改革的方向，确保各项改革措施落到实处，取得实效。在做好顶层设计的基础上，实现上下分工协作并形成合力，充分发挥基层一线在推进落实中的主体作用，确保任务分工明确，责任落实到人，目标如期实现。

四、加强制度建设和制度创新

加强党的制度建设是全面从严治党的长远之策、根本之策。为了保障高校教育综合改革和党建改革的顺利进行，确保顶层设计能够稳固实施，就需要将各种改革举措制度化。大部分高校在综合教育改革自评报告中都列明了在推进党的建设中所制定的规章制度。这些制度既是对已有改革成果的确认和固定，也为继续推进党建改革奠定了基础，确保了高校党建工作的常态化和规范化。

第四节　困难分析

由于各高校党建基础不同，改革侧重点存在差异，所以对党建中存在的困难所作的分析和思考也有所不同。通过综合分析发现，高校党建目前面临的困难主要有以下几点：

一、基层党建方面

大多数高校在基层党建方面已经取得较好成绩，但是一些高校在基层党建方面仍然存在问题。

东华大学认为基层党建工作质量有待进一步提升，学校内部管理体制机制仍有改进优化的空间。党的基层组织建设在整体扎实推进、特色及辐射作用显著的同时还存在一些不平衡，部分基层党组织工作内容和方式缺乏创新和活力，组织生活内涵和质量有待进一步提高，基层专职党建队伍力量还有待加强。

北京大学认为基层党组织领导改革发展的能力需要加强。在学校层面，党的领导和工作机制相对完善，但在院系的改革发展的实际工作中，部分院（系）的党委工作虚化，在学科发展、人才队伍建设等重要事务中的话语权不足。虽然根据《北京大学章程》，实行党政联席会制度，院（系）党委和行政要对院（系）工作共同负责，但院（系）党委书记在班子中的地位弱化，作用发挥和独立职能的履行需要进一步强化。

二、思想政治工作方面

中国人民公安大学认为对照全面从严治党和高校思想政治工作的新形势、新要求，公安院校党建理论的研究还有待加强；意识形态阵地建设相对处在"守势"，积极占领意识形态阵地的力量仍显不足；对教师贯彻"立德树人"要求虽严但措施不够实。

北京师范大学认为党员教育管理还存在很多不能适应新形势、新要求的方面。在青年骨干、高端人才和海归人才中发展党员，思想上重视不够，有效办法不多。在党员管理过程中，存在重党员发展、轻教育管理的问题。

第五节　未来思路

一、全面加强和改进学校党的领导和自身建设

以党建工作为统领，强化校党委领导核心地位，发挥党组织政治核心作用，抓好管党治党、从严治党和思想政治工作的主体责任，进一步提高校党委办学治校能力，全面加强学校领导工作。坚持和完善党委领导下的校长负责制，实行校属单位党政共同负责的工作体制，健全党委统一领导、党政分工合作、协调运行的工作机制。

上海外国语大学提出要完善党建工作分级负责制，加强领导班子梯队建设，进一步提高干部队伍的素质和能力。

二、坚持全面从严治党

认真落实"两个责任"，借助中央巡视学校契机，认真听取和贯彻落实巡视组的指导意见和建议，严格按照有关要求加强整改，进一步提高学校党委统筹和驾驭改革发展战略方向的定力和能力。

推进党风廉政建设，落实党规党纪，强化领导干部"党政同责"、"一岗双责"。加强作风建设，开展廉洁文化教育。

三、切实提升各级党组织的凝聚力和战斗力，充分发挥党员的先锋模范作用

东华大学将进一步完善并落实二级单位党建工作责任制，创新基层党组织的

领导方式、工作方式和活动方式，不断提升基层党组织的整体功能；不断推进党建工作与师生学习、工作、生活方面的有机融合，充分发挥基层党组织在推动发展、服务群众、凝聚人心、促进和谐中的作用。

华东理工大学强化基层党组织规范性、创新性建设。研究制定加强教师党支部建设的意见，加强对党支部组织生活的指导。督导党支部落实"三会一课"制度，落实党建工作责任。督查组织生活质量，做好抓基层党建述职评议工作。组建党建研究团队，提升党建理论研究和实践创新成果质量。

四、落实全国高校思政工作会议精神，提高思想政治教育水平

上海外国语大学坚持把立德树人作为中心环节，全面加强外语院校特色思政体系建设，把思想政治工作贯穿教育教学全过程，推进外语教学与思政教育的有机融合，实现全程育人、全方位育人。

对外经贸大学将加强对课堂教学和各类思想文化阵地建设管理，进一步落实意识形态工作责任制。加强基层党组织建设。推进"两学一做"学习教育常态化制度化，以党支部为基本单位，推动学习教育融入日常、抓在经常，组织召开党员组织生活会和民主评议党员。

五、坚持党管干部，优化干部选拔，强化干部监管

坚持"党管干部"，优化中层干部的管理、监督与考核，从严纪律要求，推进处级干部交流轮岗，激发干部队伍活力。

中国传媒大学建立健全干部选拔任用全程监督机制，认真做好干部选拔任用"党风廉政意见回复"工作。做好新一轮中层干部换届工作，积极推进干部交流轮岗。注重选拔想干事、能干事的年轻干部，优化干部队伍结构。进一步加强干部队伍教育管理，尤其加强领导干部个人有关事项报告重点抽查、随机抽查和离任审计。严格执行《领导干部报告个人有关事项规定》《领导干部个人有关事项报告查核结果处理办法》等规定，将其作为履行全面从严治党主体责任的一项重要内容来抓。

第十一章　下一步展望

第一节　困难与问题

深化教育综合改革是一项长期、复杂而艰巨的系统性工程。习近平总书记曾指出，"改革是由问题倒逼而产生，又在不断解决问题中而深化"。在不断推进综合改革过程中，尽管各中央高校的改革有许多新突破和亮点，但是仍然面临着外部约束和内部体制机制瓶颈。综合对各学校的调研情况，以及各学校对改革情况的自评报告，与全面深化教育领域综合改革的要求相比，我们认为在条件保障和资源配置方面的改革仍存在一些现实性的困难、障碍或问题，迫切需要通过深化改革提质增效。

一、思想观念存在束缚、创新意识还不够强、校内改革思想尚未完全统一

解放思想是改革开放的前提，没有思想的解放，改革就不可能深入，深化综合改革，必然会遇到思想观念的障碍。较多高校在全面深化综合改革推进伊始，就遇到了观念的阻力，学校部分教职工对改革的重要性、必要性与紧迫性认识不够，推进改革不顺畅。学科资源的优化和调整涉及一些学科、学院的调整、拆分和整合，公用房优化管理、财务管理体制改革必然会改变人们惯有的办事思维，这是学校通过综合分析得出的战略性改革方向，是依据国家重大战略决策，面向学校发展实际的前瞻性举措。但一些部门和人员对此认识不到，认为"现在这样就很好""发展得也不错""为什么要改""改不好怎么办"，坐井观天、故步自封的思想观念在一定范围内存在。

部分高校长期远离省会城市，或坐落在西部欠发达地区，以西北农林科技大学为例，该校长期远离大城市，在西部小镇办学，师生员工思想还相对保守，对改革有一定的掣肘。学校不得不采取"小步快走"的思路，改革进程推进相对缓慢，需要进一步解放思想，以深化改革推动学校发展。

部分学校在改革落实"内涵式发展"的过程中，存在小富即安、不思进取等小农意识，思想还不够解放，问题意识、危机意识、开拓创新意识不足，对于全面深化改革的理解和认识还不够到位，整体推进综合改革的氛围还不够浓厚，校院之间、各部门之间协同创新的工作机制还不够完善，自上而下、顶层设计、部门协调、高层推动的改革推进体系还没有形成。以东北大学为例，该校在分析推进综合改革的困难时提出，解放思想是改革开放的前提，没有思想的解放，改革就不可能深入。思想认识的束缚在东北大学的各项改革中都一定程度存在，教学科研基层学术组织改革、专业培养方案的重构、人事聘用制度改革、收入分配制度改革、产业事企分离改革、后勤保障体系改革都曾发现不同程度思想束缚的影子。

目前，大至国家，小至学校，其改革都已进入深水区，一方面，改革面临的矛盾越来越多，困难越来越大，对改革创新能力的要求越来越高；一方面，党和国家重大战略部署和习近平总书记系列重要讲话精神高屋建瓴，对高等教育和学校工作提出了更高的要求，部分学校在推进改革的过程中，进取意识、进取精神和进取毅力都显得不足，点对点工作多，整体统筹少；落实工作任务多，积极主动提前谋划、多部门多领域协同、前瞻性和预见性地开展工作相对较少，积极主动谋划不够，改革创新能力不足，与当前推进学校发展和改革的要求存在较大的差距。

缺乏推进综合改革的激励机制，改革动力不足。当前改革是一个涉及多方面的系统工程，涉及多种政策配套，学校各部门、单位综合改革的系统性、协同性尤为重要，若没有良好的激励机制，无法最大限度地调动广大教师员工参与改革，人们的思想就会懈怠，积极性和创造性逐渐消亡，等靠要的思想将会蔓延，综合性将不能充分发挥功效，影响改革向前推进。在处理增量与存量的关系时，由于资源的有限，"加减法"的利益格局调整将使改革工作面临挑战，这对高校治理能力、尤其是改革能力提出新的考验。高校之中院系作为二级办学主体，若改革激励机制不到位，必将导致其活力不足，追求卓越的内生动力缺乏，使全校上下的思想观念不能完全统一，改革推进的效果大打折扣。

二、部分群体对改革的认识不足，改革的动力不足、阻力较大

改革必然涉及旧的利益格局的调整，利益分配的"奶酪"一旦被动到，既得利益者必然不满。比如高校中一些二级单位或个人占用大量办公用房，且使用效率和效益不高，在公用房分配制度改革中，这些部位不得不"交出"多占的公房。教学科研基层组织改革提出要突出人才培养的稳定性和科学研究的灵活性，并建立起学校学术委员会、学院（部）学术分委员会、教学科研基层组织教授委员会三级学术管理体系，旧的组织管理格局受到冲击，一些原来的"所长""系主任"在一些问题上不再有"权力"，或原来的"权力"受到制约，另外一些人的权力受到加强。这些利益固化的藩篱一旦面临被打破，各种形式的阻力和压力随之而来，而学校的资源增量毕竟是有限的，存量资源的消化、空间的辗转腾挪都举步维艰，这是利益固化带来的阻力。以重庆大学为例，该校在分析改革存在的困难时提出，当前改革是一个涉及多方面的系统工程，涉及多种政策配套，学校各部门、单位综合改革的系统性、协同性尚待加强，综合性体现不够充分，尤其是在处理增量与存量的关系时，由于资源的有限，"加减法"的利益格局调整将使改革工作面临挑战，这对高校治理能力尤其是改革能力提出新的考验。又如部分高校在推进校院两级管理体制和治理结构时，原来的权责和资源都集中在学校，若要将管理重心下移至学院，必将触动掌握大额资源的教务部门、研究生院、发展规划部门、后勤管理部门等重要部门。以北京体育大学为例，该校提出在校院两级治理结构中，权责和资源集中在学校，管理中心下移不够，院系的办学主体作用难以充分发挥。原因在于校院两级关系尚未理顺，校院职责权限尚未界定得十分清楚；缺乏适应校院两级管理体制和运行机制的规章制度；解放思想、转变观念不够，学院办学的积极性、主动性和创造性尚未充分激发出来。

三、改革的节奏和力度较难统一，改革的一致性、协调性和灵活性共同发挥作用的能力有待提高

综合性是全面深化综合改革的固有之意，跨部门协同参与是全面深化改革的必然。比如在科研管理改革创新中，涉及促进技术转移和成果转化的奖励制度，就涉及人事分配、科研管理、财务制度、资产管理等多项工作，同时涉及与国家

法律和上级制度的对接，综合性难度非常大，需要学校下的决心也非常大，各部门必须协同配合，细化推进流程，全面梳理政策制度体系，任何一个点位配合不够就可能造成"制度瓶颈"，全面深化综合改革的效果就会大打折扣，其他部门的巨大努力就会付诸东流。在推进学科布局优化和调整、构建学科发展体系的过程中，就需要综合涉及人事部门、资产部门、财务部门等相关部门的通力协作，缺少任何一个环节，都起不到应有的作用，可能出现不协调、不同步现象影响改革。在高校的资源配置方面，筹资渠道不健全，资源供给与发展所需矛盾突出；资源配置问责问效机制缺失，与学校重要工作结合不够紧密；校内跨部门资源共享机制尚未有效建立，现有文献、房产、设备等资源不能满足学校日益增长需求；多校区功能定位需要进一步理清，公用资源管理、评价与考核需要进一步优化。校内各单位的本位意识，会产生缺乏全局性、一致性的政策制定和执行，从而影响改革的整体性，造成对学校综合改革的理解发生错位和变质。在学校全面推进综合改革的进程中，还涉及与国家主管部门的对接，与地方政府的协调，可以说学校综合改革不只是学校自身的改革，还涉及与外部环境的互动，牵一发而动全身的改革不时显现，迫切需要全社会的思想变革与互动支持。不仅如此，高校综合改革在适应新形势、新情况的灵活性有待进一步提升。

高等教育与经济社会发展统筹协调需要加强。高校全面开展综合改革大多是在 2014 年 7 月之后，从目前的情况看，高等教育对经济社会发展的引领不够，为国家区域提供全方位的服务支撑不足。同时，全社会支持保障高校办学的环境尚未真正形成，经费不足仍然是制约高校发展的瓶颈，市场配置资源的作用在高校还不能有效发挥，社会参与高校治理的意愿不强、渠道不宽、体制不顺。在事业单位养老保险制度改革实施以后，高校教职工的社保支出由高校支付，造成高校财政压力巨大，显现了没有与社会统筹协调所产生的巨大影响。高等教育领域与经济社会其他领域互动不足，内需驱动和外部牵引的力量释放和协同都不充分，对于消化外部政策用于满足内部需求缺少丰富实践。相较其他领域，高等教育改革发展遇到明显瓶颈，增量改革条件不充分，存量改革缺少经验，改革步伐相对滞后。

四、宏观教育政策不完全配套，一些政策上的制约难以突破

"两校一市"被国家教育体制改革领导小组办公室确认为综合改革的特区，

但在实际改革推进过程中"特区不特",一些政策上的制约难以突破。当前,我国正处在探索中国特色高等教育发展道路的关键阶段,社会改革进入了深水区,要深入推进综合改革,就要敢于在一些领域做试点,争取实现突破。但是,在中央高校全面推进综合改革的过程中,以清华大学为例的试点高校仍然遇到了一些政策上的制约难以逾越,需要上级部门给予清华这样的综合改革试点高校更多的政策支持。

国家推进高等教育综合改革的方向和原则虽很明确,但在学校办学自主权、外部治理结构等方面还缺少明确具体的指导性文件或意见。国家在本科招生和教育、研究生招生与培养、学科专业设置与调整、岗位设定、人力资源管理、薪酬制度、教育资源共享等方面的宏观教育政策与各高校综合改革的实际需求及最终愿景还存在些许差别,国家部分配套政策对激活大学创新活力、确立高等教育优先发展地位的作用不大,甚至产生反作用。

高校推进综合改革,任何单一方面的改革都不仅仅是一个校内部门能够独立完成的,需要学校在逻辑层面的顶层设计,需要学校各院系教师和管理者的协同合作,更需要上级部门的政策、经费和外部环境支持。高校综合改革中的一些深层次问题和矛盾,比如校办企业改制、后勤社会化改革等都是难啃的"硬骨头",具有不确定因素,存在风险和实施难度,仅靠高校自身能力难以妥善解决,还需要国家和教育部配套出台相关政策给予支持。校办产业的创新发展需要继续深化管理体制改革,出台创新政策、清理和转化机制,加强政策保障,优化人才队伍。

五、综合改革面临资源紧缺压力,高校资源保障力度有待加强

十八大以来,高校发展的总资源得到了较大增加,但中央高校实施综合改革,其事业发展的规模在不断扩大,质量不断提高,对资源的需求也在相应增加。二级单位对公共资源的管理体制和机制不完善、办法缺失等问题,已成为制约高校发展的瓶颈问题之一。此外,关注核心竞争力与关注民生发展之间也存在着巨大的张力,在全面深化综合改革的过程中,高校除了应该优化支出结构,将资源投入重点领域,还应该充分注意广大教职员工和学生、校友的福祉和利益,这就加深了综合改革决策和推进的难度。

从部分高校师生的诉求来看,高校的可用财力资源以及教学科研设施、服务

保障能力与师生的需求存在差距。受多种因素影响，学校获取资源投入的渠道、能力相对有限。有些高校由于历史欠账较多，资源积累不足，改革过程中资源不足与事业发展需求之间的矛盾凸显，特别是学科建设投入、人才引进与培养、办学基本条件改善等方面需要较多资源，许多改革设计与推进实施受到了资源不足的困扰。大部分地处西部等欠发达地区的高校，相比发达地区高校在"双一流"建设中的经费投入明显较少，在一定程度上制约了综合改革的持续深入推进；而且由于地区劣势，其吸引人才的能力不足，打造一流师资队伍的改革受到制约，人才队伍专业化水平、结构不能满足教育综合改革需求；受学校区位、办学定位等因素影响，在推进综合改革过程中，欠发达地区高校大多面临办学经费、博士研究生招生指标、硕士研究生优秀生源、高层次人才等资源紧缺的问题。高校服务保障方面，有限资产和资金使用效益未能充分发挥，绩效评价机制尚未建立，公共资源的有偿使用机制尚未完善，后勤集团市场化经营和服务性保障的划分还不够明确，教学科研设施使用的共享机制、后勤保障体系与师生的期待仍存在差距。

部分高校资金筹措渠道偏窄，资金筹措的能力不强，多元化筹资渠道及创新资金筹措模式尚未形成，组织收入的积极性不高，学校收入结构不完善，资金条件不能很好地满足综合改革需求。在积极借助外力，多渠道筹措经费，延揽各类社会资源，进一步提高办学效益上，很多高校主动作为还不够。大部分高校的产业发展思路和布局还不清晰，尚未成为学、研、产有机结合的重要平台和反哺学校办学的重要经费来源。

从中央高校整体来看，与建设世界一流大学的需求相比，资源投入总体不足，高校办学成本补偿机制不健全。学校建设世界一流大学面临的是全球竞争，是在国际范围内争夺人才、争夺资源、争夺机会，办学过程中的主要要素价格面对的是发达国家的价格，我国高校的办学成本显著提高。但目前社会对学校办学资源的投入相对不足，这就对学校自身的资源筹集能力提出了越来越高的要求。同时，高校办学成本的补偿制度尚不健全，严重制约了学校的资源投入。如目前的高校学费价格体系还是 2000 年制定的，十多年来未作调整，与学校实际消耗的培养成本相比，差距较大。一是学费不能客观反映办学成本。当前学费标准全国统一，且多年未变，不同层次学校（C9 大学、985 高校、211 高校、地方高校等）、不同办学模式（自己培养、中外联合培养）学费存在"一刀切"的现象，不同水平的教育教学资源从学费中获得的支撑额是相同的，这已成为高校发展的主要矛盾，不利于高校的健康发展。二是定价机制不适应办学需求。现行的学费标准下，按照规定收取的学费约为办学成本的 25%，但学校获得的生均拨款并没有达到办学成本的 75%，不足以填补全部办学成本。因此，超出学费收入和生均拨款投入的不足部分只能由学校自筹经费承担，经费不足已成为制约学校高水平大学建设的短板。三是学费标准不能体现教育质量与水平的差异化。教育国际化背景下，公众对于高水平教育成本及收费有一定的认识，高投入高产出的理念有利于引导社会更加重视高等教育质量。对于学生和家长而言，学费是调节其学习投入程度和重视程度的重要砝码。允许学费定价动态调整，整体上有利于进一步提升教育质量。学费定价动态调整带来的内外部竞争有利于高校提升质量、办出特色，有利于高校提升自主性和自律性。另外，资产收益也是学校的一项重要办学经费来源，但现行的中央高校资产管理政策遵从中央行政事业单位的管理制度，许多规定并不利于高校利用资产获得较高收益，用以补充教学科研，支持学校自我发展，相反还规定中央高校的资产处置收入必须上交国库。现行的财政拨款中专项资金占比提高，高校的自主使用财政拨款投入综合改革的资金相对降低，全面推进改革受到了限制。还有部分高校在我国海洋事业与航空航天等重大领域服务和支撑国家发展战略，需要巨大的投入，但是现在的投入政策不能提供有力的支持。

六、资源配置不均衡，改革发展稳定的关系难协调

我国高等教育发展在区域上、结构上存在不均衡现象，根本原因在于资源配置不均衡。比如少数高校在财政投入、自主招生名额、招生指标等各方面拥有突出优势，高校之间的资源配置差距明显。过去一段时期"985""211"身份固化，教育资源分配不均衡，造成了高校发展的不平衡，都是同一个主管部门的直属高校，学院与学院之间、教授与教授之间差别很大，资源较少的学校其人员的稳定性受到了动摇。当前实施的综合改革，资源较少的学校为加速发展，必将大量资源投入到重点领域的改革之中，势必挤占原有的"保人员、保运转"的经费，导致师生的获得感与学校的快速发展出现明显差距；在条件保障改革中，受北京高校建设经济适用房、公租房严格政策限制，首都高校青年教师住房和落户问题长期无法解决，加之以行政为主导的综合改革其管理服务的温情不足、对师生人文

关怀不够，影响了学校的稳定团结。以北京理工大学为例，该校在分析自身困难时提出，在"双一流"建设背景下，高校之间的人才竞争日趋激烈，再加上地处北京一线城市，房价高企，人才引进成本偏高，导致人才引进难。同时，由于其他高校在待遇、条件保障方面有显著优势，该校面临优秀人才外流的危险。希望加大对学校办学条件的支持，为吸引人才提供保障。

深化综合改革是解决学校建设发展中深层次矛盾的根本措施，但同时必然伴随着一系列深刻广泛的利益调整。在推进改革过程中，不仅过去长期积累的深层次矛盾会显现出来，而且还会出现新的矛盾和不稳定因素。如在教师人事制度改革中，一部分未能进入新的教研系列岗位的教师，在个人收入、学术资源方面确实受到了很大的影响，但限于学校的资源能力，对于在深化改革中利益受损的群体的补偿机制还未完全建立起来。由于历史原因，在某些学校校内还存在较大量的平房区、棚户区。这一问题长期未得到有效解决，不仅对高校按照一流大学的目标实施校园布局规划和基本建设构成了极大的制约，而且存在严重的安全隐患。学校与地方合作举办的研究院以及校办企业在推进学校科技成果转化、服务地方经济社会发展方面发挥了重要而积极的作用，但随着其涉及范围、规模体量的不断扩张，聚焦服务学校中心工作不够的问题以及在经营管理方面存在的风险都进一步凸显。这些对于学校如何协调好改革发展与稳定的关系，都带来了显著挑战。

第二节　未来思路

一、坚持正确的改革方向

一是把加强党的领导作为推进学校改革发展的根本保证，严格落实全面从严治党要求，切实将党的领导贯穿学校改革全过程。

二是把内涵发展作为学校深化改革的行动纲领，以提高质量为核心，优化办学要素配置，激活内生能动性，加快构建现代大学制度和治理体系，坚持规模、质量、结构和效益相统一，实现学校跨越发展。

三是坚持需求导向深化综合改革。立足于"国家发展和所在地区发展对高等教育的需求"和"每一个教职工和学生对发展教育的需要"这两个出发点来谋划改革，稳定教职工努力工作积极开展教学科研、促进学生健康成长、推进教育引领社会。要"扎根中国大地办大学"，坚持为人民服务、为中国共产党治国理政服务、为巩固和发展中国特色社会主义制度服务、为改革开放和社会主义现代化建设服务，为国家和区域发展提供高质量人才、高水平的科技和智力支撑。

四是坚持问题导向深化综合改革。要根据国家发展战略，世界高等教育发展趋势，结合学校实际，认真研究学校进一步深化综合改革的思路、重点和步骤，把面临的形势把握准确，把存在的问题分析透彻，真正聚焦社会和群众的意见期待、教育管理和学校办学的瓶颈制约，采取更加有力的改革举措着力转变发展方式、优化资源配置、强化组织协同、破除体制机制障碍，充分激发内生动力和创造活力。

二、强化顶层设计，进一步理清改革思路

高校要细致分析学校改革存在的困难和问题，找准改革方向和切入点，细化改革举措，把握改革步骤，统筹全校各部门及所有资源，协调推进改革；统筹好改革力度、发展速度和师生可承受度。进一步加强政策研究分析，跟踪国家、区域及相关领域的改革举措，及时分析研究，紧密对接各项宏观政策意见，及时地调整完善改革思路。

三、强化凝智聚力，进一步开展宣传和研讨

高校可在全校范围内广泛宣传改革的重大意义、主要政策措施和工作进展。及时回应师生关切，及时宣传改革的最新成效，增强师生对改革的信心，充分调动广大师生的主动性和创造性，使全校师生理解、支持改革，为改革营造良好的舆论环境。对于部分涉及面广，尚未形成高度共识的具体改革措施，鼓励有条件的单位先行先试、大胆创新，为改革提供经验和思路。

四、加强改革统筹谋划

高校要以立德树人为根本，以支撑创新驱动发展战略、服务经济社会发展为导向，以推进一流大学、一流学科建设和中国特色现代大学制度建设为统领，以前瞻性眼光和更开阔的视野，制订各项规划。面向服务国家重大发展战略尤其是

教育发展战略，科学谋划学校总体建设思路和学科建设重点，坚持"有所为有所不为"，在重点领域和重点方向上取得突破，推动一批学科进入世界一流行列。

建议高校针对改革中存在的突出问题，统筹推进以下几方面的改革任务。一是积极推进由"校办院"向"院办校"转变，逐步扩大学院办学自主权，激发学院办学活力。二是以激发师生活力为关键，推进评价体系和机制改革。三是持续优化条件保障，深化科研管理"放管服"，完善仪器设备共享机制，推进公共资源有偿使用探索。四是完善资源配置方式，充分调动师生员工投身学校发展建设的积极性。

五、健全改革工作机制

健全组织领导、分工负责、督查督办的全链条改革工作机制，推动综合改革向纵深推进。一是进一步推进改革的协同推进机制。加强改革举措的整体联动和综合配套，以综合改革推进"双一流"建设，处理好综合改革方案和"十三五"规划实施的关系，进一步凝练、提升、整合，做到一脉相承。二是建立健全深化改革的目标责任机制。进一步完善和细化综合改革清单，强化激励和约束机制，对于先行先试的单位进一步加大政策和经费支持力度。切实加强对改革子项目的检查监督，定期通报改革进展情况，强化改革责任约束。三是进一步完善宣传引导机制，加大典型推介力度，为深化学校综合改革营造同心同德、攻坚克难、宽松和谐的良好氛围。

六、强化问题意识，完善内控制度体系

高校将在接下来的改革工作中，深入分析问题产生的原因和确定解决思路，着力建立健全一流的管理体制机制，为改革措施的实际落地和改革成效的可持续提供良好的决策和执行基础。内部控制体系建设是建设一流管理的有力抓手，是实现学校治理体系和治理能力现代化的重要支撑，也是学校推进综合改革的重点工作。

七、强化监督管理，落实工作责任，推进改革落实到位

建议高校进一步密切跟踪改革进程，对于已有工作基础的改革，要尽快完善方案付诸实施；对于需要向上级部门和地方政府争取政策支持的改革，要加快组

织论证。定期（半年）对改革进展情况进行调研摸底，研讨改革进展、改革中存在的困难和问题，全面总结综合改革方案实施以来的经验和教训，提出下一步推进改革的具体方案。同时，根据综合改革方案所明确的责任，进一步强化履职，协同推进综合改革与"十三五"规划的落实，积极协调促进将改革的主要任务分解到学校工作要点、各单位各部门年度工作计划中。把推进综合改革作为单位领导"一岗双责"考核的重要内容。